Roswitha von Benda

Mein Jerusalem – Dein El Kuds

Roswitha von Benda

Mein Jerusalem – Dein El Kuds

Geschichte einer Freundschaft

C. Bertelsmann

Für Diana,
Birgit, Björn und Tina

Umwelthinweis:
Alle bedruckten Materialien
dieses Taschenbuches sind chlorfrei, umweltfreundlich und recyclingfähig.

1. Auflage 4/93

Einbandgestaltung: Klaus Renner
Satz: Uhl + Massopust, Aalen
Druck: Pressedruck, Augsburg
ISBN 3-570-20105-8 · Printed in Germany

Vorwort

Meine Geschichte ist die Geschichte einer außergewöhnlichen Freundschaft zwischen zwei Jungen – dem Juden Jossi und dem Palästinenser Hassan. Sie beginnt in einem Krankenhaus am Rande der Stadt Jerusalem. Die Juden nennen sie Jerushalaim und die Araber El Kuds – die Heilige. Beide, Juden und Araber, betrachten die Stadt und das Land, das sie umgibt, als ihre Heimat.

Die Juden sind die Nachfahren Abrahams und seines Sohnes Isaak, die Nachfahren von Mose, der sie vor mehr als 3000 Jahren aus ägyptischer Gefangenschaft zurück in das Land führte, das ihnen Gott als Land, in dem Milch und Honig fließt, versprochen hatte. Sie sind die Nachfahren König Davids, der Jerusalem eroberte und die Stadt zu seiner Hauptstadt machte, und König Salomos, der in Jerusalem den ersten Tempel bauen ließ.

Aber auch die Palästinenser sehen sich als die Nachfolger Abrahams und seines Sohnes Ismael und als Nachfolger des Stammes, den man in der Bibel die Philister nennt.

Als vor fast 2000 Jahren der Tempel der Juden und ihre heilige Stadt Jerusalem von den Römern zerstört wurden, begannen für sie bittere Jahre der Wanderschaft durch die ganze Welt. Zeiten der Verfolgung, der Demütigung, des Martyriums – und nur weil sie Juden waren. Und als Juden wurden sie von den Nationalsozialisten durch ganz

Europa verfolgt und umgebracht. 1933 bis 1945 waren die bittersten und die dunkelsten Jahre in der Geschichte der Juden. Diejenigen Juden, die die Konzentrationslager überlebten, träumten von einem eigenen Staat, und sie wollten ihn aufbauen zusammen mit den Juden, die schon lange in dem Land lebten, das damals Palästina hieß und von den Engländern verwaltet wurde. Die Vereinten Nationen teilten Palästina in einen jüdischen und in einen palästinensischen Staat auf. Und die Juden riefen 1948 ihren Staat aus und nannten ihn Israel mit der Hauptstadt Jerusalem. Aber auch jetzt begann für sie noch keine Zeit des Friedens, denn die Palästinenser fühlten sich betrogen. Palästina war ihr Land, und es sollte arabisch bleiben, und dafür wollten sie kämpfen.

So folgten viele Kriege, die mal die Araber und mal die Israelis begannen und die immer die israelischen Soldaten gewannen. Und mit jedem Sieg wuchs der Judenstaat und der Haß der Araber auf die Juden, die ihnen das Land genommen hatten. Und sie rächten sich mit Terroranschlägen und mit Flugzeugentführungen. Jerusalem nennt man die Stadt des Friedens, aber um keine Stadt der Welt wurde mehr gekämpft, ließen so viele Menschen ihr Leben, ob Juden, Christen oder Moslems.

Es gab eine Zeit, als die Stadt in ein jüdisches und ein arabisches Jerusalem geteilt war. Eine hohe Mauer und Stacheldraht trennten den arabischen und jüdischen Teil. Im Sechs-Tage-Krieg 1967 fiel diese Mauer, als die israelischen Soldaten die gesamte Altstadt eroberten, die zuvor zu Jordanien gehört hatte. Jerusalem wurde zur geeinten Stadt, in der Juden und Araber nebeneinander leben.

Meist jedoch geht man sich aus dem Wege. Die Erwachsenen und auch die Kinder. Die Mauer aus Mißtrauen, Angst und auch Haß blieb bestehen.

Jüdische Kinder gehen auf jüdische Schulen und arabische Kinder auf arabische Schulen. Jüdische Kinder haben jüdische Freunde, und arabische Kinder spielen mit Arabern. Nur manchmal passiert es, daß sich Juden und Araber auf engem Raum begegnen – wie zum Beispiel in israelischen Krankenhäusern. So treffen sich Jossi und Hassan. Sie sind zufällig Bettnachbarn in einem großen israelischen Krankenhaus. Hassan liegt schon ein paar Tage hier. Sein arabischer Nachbar wurde entlassen, und nun bringen sie einen neuen. Hassan glaubt, daß er Jude ist, denn er wendet sich von ihm ab, als er ihn grüßt.

Hassan fühlt sich sehr verlassen in der fremden Umgebung, in der es keine Moscheen gibt mit dem vertrauten Ruf des Muezzins, der die gläubigen Moslems fünfmal am Tag zum Gebet ruf. Hassan ist Moslem.

1

»La'illaha ill Allah – es gibt keinen Gott außer Allah – asch'had ana Mohammed rasul Allah – und Mohammed ist Allahs Prophet. Im Namen Allahs des Allbarmherzigen, Lob und Preis sei Allah.«

›Es ist gleich dunkel, und es ist die Stunde des Gebets. Zu Hause im Dorf ruft jetzt der Muezzin die Gläubigen zum Gebet‹, denkt Hassan wehmütig. ›Mutter wird jetzt den Abendbrottisch decken. Vater wird mit den älteren Brüdern Nader und Samir »politische Gespräche« führen, wie sie es nennen, wenn sie über die Israelis schimpfen. Und ich liege hier in einem israelischen Krankenhaus – und neben mir ein Jude, der kein Wort mit mir redet.‹

»He du, weißt du, wie spät es ist?«

Keine Antwort. ›Dann eben nicht. Vielleicht hat er Heimweh wie ich.‹ Sie haben ihn gerade erst gebracht, und seine Eltern sind noch nicht gekommen. Sicher fühlt er sich schrecklich einsam.

»Haver – Freund, kann ich etwas für dich tun?« fragt Hassan den Bettnachbarn, der noch immer den Kopf zur Wand gedreht hat. Keine Reaktion. Hassan versucht einzuschlafen. Aber er muß wieder an sein Dorf denken. Jetzt ernten sie gerade Trauben, und dann kommen die Oliven dran. Bei der Olivenernte muß er unbedingt wieder fit sein. Und Hassan erinnert sich, wie lustig es im vergangenen Jahr bei der Ernte zuging. Die Männer schlugen mit langen Stöcken die Oliven vom Baum. Unter den Baum hatten die Frauen Tücher gelegt, von denen sie die Oliven aufsammelten. Er durfte auf den Baum klettern und die Oliven pflücken, die die Männer mit ihren Stöcken nicht erreichten. Die Männer gaben furchtbar an, protzten mit ihrer Kraft, und die Frauen kicherten, machten sich lustig über die Männer. Von der Wand kommt ein Schluchzen.

»He du, warum heulst du? Hast du Schmerzen? Soll ich die Schwester rufen?«

Keine Antwort.

›Die ganze Zeit heult der‹, denkt Hassan. ›Und ich habe geglaubt, Juden heulen nicht so schnell, sind unheimlich mutig. Vielleicht sind sie doch nicht so mutig. Wenn sie durch unser Dorf kommen, tun sie, als gehöre ihnen alles, auch unser Dorf‹, sagt Vater. Und er und die Brüder haben dann immer eine schreckliche Wut.

›Warum kommen sie denn nicht‹, grübelt Jossi. ›Sie müßten doch längst vom Kibbuz zurück sein und müßten sich Sorgen machen, daß Uzi und ich noch nicht zu Hause sind.‹

»Ima, Aba«, schluchzt er, »wo bleibt ihr denn? Ich will zu meinem Bruder Uzi.« Jossi steigt aus dem Bett. Er tastet sich im Dunkeln zur Tür, fällt über den Stuhl neben Hassans Bett.

»He, was machst du denn da? Wohin willst du? Mußt du aufs Klo?«

»Laß mich los.« Jossi reißt sich so heftig von Hassan los, der ihn festhält, daß Hassan zu Boden fällt.

»Aua, bist du verrückt geworden, du tust mir doch weh.«

»Ich muß zu Hause anrufen. Hast du vielleicht 'ne Telefonmünze? Wo ist denn hier ein Telefon?«

»Sag mal, du spinnst wohl. Telefonieren! Deine Eltern werden schon noch kommen. Beruhige dich doch. Was ist mit deinem Bruder Uzi? Ist er auch hier? Was ist denn passiert? Erzähl!«

Jossi setzt sich auf sein Bett und mustert den Nachbarn.

»Woher kommst du? Bist du Araber? Dein Hebräisch klingt so arabisch.«

»Was dagegen?« fragt Hassan mißtrauisch.

»Nee, nur . . .«

»Was nur?«

»Nur, nach allem, was passiert ist, jetzt auch noch 'n Araber neben mir.«

»Was ist denn passiert? Nun erzähl schon«, drängt Hassan ungeduldig. »Übrigens, ich heiße Hassan und du?«

»Jossi«, brummt sein Gegenüber. »Mein Bruder Uzi hat 'nen Unfall gebaut, wollte mir zeigen, was er drauf hat. Du mußt wissen, er hat gerade erst seinen Führerschein gemacht. Jetzt hat's ihn ganz schlimm erwischt. Alles war voller Blut, keinen Mucks hat er mehr von sich gegeben.« Jossi fängt wieder an zu heulen.

»Und du, dich hat's wohl nicht so schlimm erwischt?«

Jossi wischt sich mit dem Zipfel vom Bettuch über sein verheultes Gesicht. »Prellungen und 'ne leichte Gehirnerschütterung, sagt der Doktor. Nicht so schlimm. Aber der Uzi. Und meine Eltern wissen nichts. Die sind zu meinen Großeltern gefahren über Sabbat, mit Orli, meiner kleinen Schwester. Hanna, Uzi und ich wollten nicht mit. Hanna, meine große Schwester, hat sich mit ihrem

Freund getroffen. Und Uzi hat mich mit Vaters alter Karre mitgenommen. Dabei hatte er Vater versprechen müssen, nur mit ihm zu fahren. Mann, und jetzt das.«

»Nun reg dich nicht auf«, beruhigt ihn Hassan. »Dein Vater wird froh sein, daß ihr noch lebt, bestimmt.«

»Ich weiß nicht«, und Jossi schüttelt verzweifelt den Kopf.

»Ich hab' Durst. Wo gibt's denn hier Wasser?«

»Komm, hier, such dir was aus.« Hassan deutet großzügig auf eine Galerie von Saft- und Colaflaschen in seinem Nachttisch.

»Danke, ist nett von dir.«

»Beseder, ist schon gut«, sagt Hassan.

»Wo bist du her?« fragt Jossi ihn und schüttet sich Cola in ein Glas.

»Aus Kubeibe.«

»Wo liegt das?«

»Eine halbe Stunde von Jerusalem.« Und nach einer Pause. »Im besetzten Gebiet.«

»In Richtung Ramot, der Siedlung der Frommen?«

»Genau. Die Christen nennen es Emmaus. Es kommt in ihrem heiligen Buch vor. Da hat ihr Prophet, der Jesus, nachdem er aus dem Grab auferstanden ist, ein paar von seinen Leuten getroffen, die haben sich mächtig gefreut, und dann haben die Christen da später 'ne Kirche und Klöster gebaut, da gibt's heute noch Mönche und Nonnen. Aber die sind in Ordnung, meint mein Vater.«

»Seid ihr ein Christendorf?«

»Nicht mehr. Es gibt nur noch ein paar Christenfamilien. Alle anderen sind Moslems. Die Christen sind nach

Amerika. Manchmal kommt einer zu Besuch, und dann gibt er mächtig an. Was sie alles haben da drüben, und daß ihnen niemand dreinreden kann. Und sie schüttelten den Kopf und sagen: ›Wie ihr das hier nur aushalten könnt!‹ Sie könnten hier nicht mehr leben, sagen sie. Sie würden erst zurückkommen, wenn Palästina den Palästinensern gehört . . .«

»Da könnt ihr lange warten«, unterbricht ihn Jossi. »Jetzt sind wir hier, und wir lassen uns nicht mehr verjagen. Mein Großvater, der aus Polen kommt und der ganz Schlimmes in einem Konzentrationslager durchgemacht hat, der erzählt uns manchmal davon, und dann sagt Vater: ›Laß die Kinder damit zufrieden, die wachsen als freie Menschen auf, und wir sind jetzt stark genug, uns selbst zu verteidigen, damit uns niemand mehr umbringt, nur weil wir Juden sind.‹ Verstehst du?«

»Hm«, Hassan nickt. ›Wieder »politische Gespräche«‹, denkt er, ›zu Hause, hier im Krankenhaus. Mann, wie ich »politische Gespräche« hasse.‹

»Ich bin müde«, sagt er, »komm, laß uns jetzt schlafen.«

Aber Jossi kann nicht schlafen. Es geht ihm so vieles durch den Kopf. Uzi, die Eltern, der Araber nebenan. Vater kennt viele Araber, er spricht auch Arabisch; er kam als kleiner Junge mit den Eltern aus dem Jemen. Vater findet es wichtig, daß auch Jossi Arabisch lernt. »Wo wir doch hier mit den Arabern zusammenleben müssen«, sagt Vater immer. Aber so dicht hat Jossi noch nie mit einem Araber zusammengelebt. Dann fällt ihm wieder Uzi ein. Uzi ist achtzehn und macht gerade seinen Militärdienst in Hebron. Uzi sagt, man soll den Arabern nie zu sehr trauen. Du kehrst ihnen den Rücken, und schon hast du ein Messer zwischen den Rippen. ›Ob der hier wohl auch ein Messer hat? Vielleicht sollte ich besser nicht einschlafen. Ach Blödsinn‹, beruhigt er sich selbst, ›schließlich hat er mir sogar von seiner Cola abgegeben, scheint ganz in Ordnung zu sein. Außerdem schläft er.‹

»Hassan, schläfst du?«

Keine Antwort. Jossi dreht sich zur Wand. Er macht die Augen fest zu und versucht, an etwas Schönes zu denken. Aber es will ihm nichts Schönes einfallen.

Am nächsten Morgen weckt sie in aller Frühe die Schwester. »Boker tov – guten Morgen, Kinder. Es ist ein wunderschöner Morgen, die Sonne scheint, und es weht eine frische Brise.«

Sie reißt das Fenster auf.

Jossi und Hassan blinzeln aus ihren Kissen. Blinzeln hinüber zum Bett des anderen.

»Wie geht's dir, Jossi?«

»Beschissen. Die kümmern sich einfach nicht um mich. Sag, wozu hat man Eltern, wenn sie einen im Stich lassen, dann, wenn man sie am nötigsten braucht?«

»Na ja, was soll ich dir sagen? Irgend etwas ist sicher dazwischengekommen. Bestimmt. Eltern lassen einen nicht so schnell im Stich, die brauchen einen, später, wenn sie mal alt sind. Dann müssen die Söhne für sie sorgen, das ist bei uns so Brauch.«

»Meine sorgen für sich selber, die brauchen mich nicht. Auch nicht später, dann bekommen sie Rente. Die brauchen mich nicht, ich sag's dir.«

Hassan kramt in seiner Nachttischschublade, befördert unter allem Krimskram, was sich im Laufe der Woche angesammelt hat, eine Tafel Schokolade zutage. Er reicht sie Jossi.

»Hier, vielleicht hast du Appetit auf Schokolade.«

»Ich hab' auf gar nichts Appetit.«

Die Schwester kommt mit Tee.

»Wie geht es dir, Jossi?« fragt sie. »Übrigens, ich heiße Margalit.«

»Meine Eltern haben wohl noch nicht angerufen, oder?« Jossis Stimme klingt verdächtig weinerlich.

»Nicht daß ich wüßte«, sagt Schwester Margalit. »Ich kann mich mal erkundigen. Aber die kommen bestimmt bald. Mach dir keine Sorgen. Hier bist du erst mal bestens aufgehoben.«

Kaum ist die Schwester draußen, da geht die Tür auf, und herein kommen Jossis Eltern.

»Ima, Aba«, jubelt Jossi.

»Da liegt er ja, der Jossi. Wir haben uns solche Sorgen gemacht«, sagt Mutter. Sie setzt sich auf Jossis Bett und streicht ihm beruhigend über den Kopf. »Jetzt sind wir da, alles wird wieder gut.«

»Wie geht's dir, Sohn? Hast du Schmerzen? Wir sind gestern spät vom Kibbuz zurückgekehrt«, sagt Vater entschuldigend. »Hanna erzählte uns aufgeregt, man habe vom Krankenhaus angerufen. Wir wollten gleich zu dir, aber es hieß, wir sollten bis morgen warten.«

»Dumme Jungens, was macht ihr denn für Sachen.« Mutter drückt Jossi fest an sich. »Du siehst Gott sei Dank nicht so schlimm zugerichtet aus wie dein Bruder.«

»Ja«, sagt Vater und schüttelt besorgt den Kopf. »Wir waren gerade bei ihm, sieht bös aus. Aber der Uzi ist zäh, der wird sich schnell erholen.« Und dann schaut Vater rüber zu Hassan, nickt ihm kurz zu und grüßt »Shalom«.

»Ist 'n Araber«, flüstert Jossi, »heißt Hassan.«

»So, Hassan heißt du. Bist du schon lange hier?« fragt Vater auf arabisch.

»'ne Woche, aber ich komme bald raus, muß daheim bei der Traubenernte helfen und dann bei der Olivenernte.«

»Kommt aus Kubeibe«, flüstert Jossi dem Vater zu.

»Kubeibe«, ruft Vater aus, »was für ein schönes Dorf, ich kenne es gut.«

»Ja, wirklich?« Hassan strahlt.

Jossis Eltern bleiben nur kurz.

»Wir werden jeden Tag vorbeischauen«, verspricht Mutter.

»Macht's gut, Jungens«, sagt Vater. »Bis morgen.«

Und dann kommen der Doktor und Schwester Margalit. Und der Doktor sagt doch tatsächlich, daß sie beide am Wochenende nach Hause dürfen.

»Nur noch eine Woche«, freut sich Hassan, und er denkt schon wieder an sein Dorf: ›Nächste Woche höre ich wieder den Muezzin. Dabei scheppert der Lautsprecher oben am Minarett der Moschee ganz fürchterlich. Und die Worte des Propheten Mohammed kann man kaum verstehen. Vater schimpft, man solle endlich einen neuen Lautsprecher kaufen oder den Muezzin wieder auf den Turm stellen. Er könne bei dem Gekrächze gar nicht richtig beten.‹

Da berührt ihn jemand sanft an der Schulter. Es ist die Mutter, und dann kommt auch der Vater zur Tür herein.

»Mutter, Vater, wie schön, daß ihr da seid.«

»Wie geht es dir, Hassan?« fragt Vater.

»Allmächtiger!« ruft die Mutter. »Er wird immer magerer. Sieh doch, seine Wangen sind ganz eingefallen. Weiß der Himmel, was man euch hier zu essen gibt. Hier hast du eine Schüssel voll Knafi, mit Käse gefüllt. Und hier Weintrauben, frisch gepflückt.«

»Mutter, ich komme diese Woche heim, dann kann ich euch bei der Traubenernte helfen.«

»So, sagt der Doktor, daß du wieder gesund bist? Aber dann mußt du dich zu Hause noch schonen. Nader und Samir helfen bei der Ernte. Es geht gut voran. Auch die Preise sind gut in diesem Jahr.«

»Sag, hast du einen Juden neben dir, ist er in Ordnung?« fragt Vater vorsichtig.

»Ja, Vater, er ist in Ordnung, er spricht sogar arabisch, und sein Vater auch.«

»Sei vorsichtig, Junge, rede nicht zuviel. Man weiß nie, was sie einem wieder für einen Strick drehen. Intisars Bräutigam, den Ziad, haben sie neulich grün und blau geschlagen, dabei hatten sie ihn nur verwechselt. In Hebron sind wieder Unruhen. Die Unseren haben Steine gegen eine israelische Patrouille geschleudert. Du weißt, wie das immer ausgeht. Sie haben gleich geschossen und einen Buben getroffen. Jetzt ist in Hebron die Hölle los. Ich hoffe nur, daß Ruhe herrschen wird, wenn Ziad und Intisar in Hebron ihre Hochzeit feiern.«

Und Mutter seufzt: »Der Allmächtige wird helfen.«

»Der Allmächtige«, brummt Vater. »Der Allmächtige sieht zu, wie wir die Besatzer auf dem Buckel schleppen, jetzt schon 21 Jahre lang. Er sieht zu, wie sie uns das Land wegnehmen, uns mehr und mehr einengen, daß uns nur noch der Himmel und die Luft zum Atmen bleibt. Eher will ich tot umfallen, als ihnen mein Land zu verkaufen.«

»Sei still«, flüstert Mutter erschrocken. »Komm, wir müssen gehen. Es wird bald dunkel, und du weißt doch – die Kontrollen. Komm jetzt«, und sie zieht Vater zur Tür.

»Sei tapfer, Sohn.«

»Ja, Vater. Ma is-Salaema!«

Jossi lag die ganze Zeit zur Wand gedreht, hatte aber aufmerksam zugehört, was Hassans Vater sagte.

»Dein Vater mag uns wohl nicht besonders, hab' ich recht?«

»Ja, du hast recht, aber Vater sagt auch, daß man da Unterschiede machen muß, zwischen den Juden auf der Straße und denen in Uniform mit Gewehr. Mein Vater hat Grund, mißtrauisch zu sein, wenn er 'ne Uniform sieht. Schließlich war mein Bruder Nader schon mal eingesperrt. Nader ist stolz, und er fürchtet die Soldaten nicht. Einmal haben sie ihn vor Hebron angehalten. Er mußte aus dem Auto steigen. Sie ließen ihn mit erhobenen Händen einfach stehen. Nach ein paar Minuten hat mein Bruder die Hände heruntergenommen und den Soldaten zugerufen: ›Ein Palästinenser hält den Kopf hoch und nicht die Hände‹, und er wollte abhauen. Da haben sie ihn verprügelt, und mein Bruder hat das Messer gezogen. Das war nicht gut. Sie haben ihn natürlich eingesperrt. Mein Vater hat ihn im Gefängnis besucht. Er sagt immer, israelische Gefängnisse sind auch nicht viel besser als jordanische. Erst haben uns die Jordanier unterdrückt, dann die

Israelis. Wann werden wir endlich unsere eigenen Gefängnisse haben.«

»Mein Bruder Uzi ist Soldat«, sagt Jossi. »Uzi war auch in Hebron. Er hat dort die Gräber von Abraham, Isaak und Jakob bewacht. Draußen, erzählt mein Bruder, draußen auf den Straßen, da hat er ein ganz blödes Gefühl, weil ihn die Araber so feindlich anschauen. Aber drinnen, bei den Gräbern, da beten Juden und Moslems friedlich nebeneinander. Das hat ihn immer mächtig beeindruckt. Und meine Eltern, die glauben, daß man mit euch reden muß und so.«

»Na ja«, meint Hassan, »wir reden jetzt miteinander. Komisch, nicht?«

»Hm, komisch«, antwortet Jossi. »Aber jetzt habe ich Hunger.«

»Es dauert noch ein Weilchen, bis die mit dem Essen kommen«, sagt Hassan. »Aber ich habe ja Versorgung von zu Hause. Hier, koste mal, Knafi, gefüllt mit Käse.«

»Danke, sieht gut aus, aber ich esse dir alles weg. Ich hoffe, meine Eltern bringen mir morgen auch was mit.«

»Meine Mutter glaubt immer, ich bin am Verhungern.«

»Meine auch, typisch Mütter.«

»Weißt du, auf was ich jetzt Appetit hätte? Auf Felafel.«

»Hör bloß auf, mir läuft das Wasser im Mund zusammen, wenn ich an Felafel denke«, seufzt Jossi und verdreht die Augen.

»Wenn wir aus dem Krankenhaus 'raus sind, dann lade ich dich in der Altstadt zu Felafel ein, bei Abu Shukri«, sagt Hassan.

»Und ich dich in die Ben-Jehuda-Straße, da gibt's die

besten Felafel, bestimmt«, versucht Jossi den Hassan zu überzeugen.

»Aber Abu Shukri hat schon die besten Felafel gehabt, da gab es noch gar kein Israel«, triumphiert Hassan. »Mein Onkel Abdallah, der ist nach Amerika ausgewandert und verkauft jetzt in Chicago Felafel. Vielleicht gehe ich auch mal nach Amerika und verkaufe Felafel, und dann schicke ich das Geld nach Hause. Vielleicht werde ich auch Ingenieur, so wie mein Bruder Khalil, der studiert in Deutschland. Was willst du denn mal werden, Jossi?«

»Ich, ich werde mal Archäologe, wie mein Vater.«

»Ist das jemand, der nach alten Töpfen und Knochen buddelt? So was willst du mal werden?« Hassan schüttelt ungläubig den Kopf.

»Du, ich sag' dir, das ist was ganz Spannendes. Wenn wir hier 'raus sind, dann zeig' ich dir in der Altstadt, wo mein Vater überall gegraben hat, und was der alles entdeckt hat, da staunst du nur so.«

»Und ich zeig' dir, wie ein arabischer Mann Wasserpfeife raucht. Mein Bruder Nader, der hat seinen Laden in der Altstadt, in der Via Dolorosa, und manchmal läßt er mich an seiner Wasserpfeife ziehen.« Und Hassan stellt sich vor, wie er mit Jossi vor Naders Laden sitzt und Wasserpfeife raucht.

Und dann kommt die letzte Nacht im Krankenhaus. Morgen, Freitag, werden sie beide entlassen. Eine Woche lang lagen sie nebeneinander. Eine lange Woche. Aber die Woche ist ganz schnell vergangen. Sie haben sich die Zeit mit Geschichtenerzählen vertrieben. Jossi erzählte von seinen Großeltern aus dem Jemen. Und Vater mußte einen Atlas bringen, damit Jossi Hassan zeigen konnte, wo der Jemen liegt. Nurit war nicht ins Krankenhaus gekommen, Nurit, seine Mitschülerin, die so gut in Mathe ist, und auch sonst nicht übel, und er hatte geglaubt, daß sie Freunde wären. Schöne Freundin, dacht Jossi und beschloß, sich von Nurit zu trennen.

Aber dann hat er Nurit sehr schnell vergessen. Es gab immer etwas zu tun. Keinen Augenblick war es langweilig mit Hassan. Sie tauschten Comic-Hefte aus, und Hassan hat Jossi ein orientalisches Spiel beigebracht: Sheshbesh, jeden Tag haben sie es gespielt. ›Komisch‹, hat Jossi dabei gedacht, ›ich hätte nie geglaubt, daß ich mich mit 'nem Araber anfreunden könnte.‹ Und als sie beide so im Bett liegen und darüber nachdenken, was sie nachher alles zusammen unternehmen werden, da müssen beide zugeben – war eigentlich gar nicht so schlimm, die Zeit im Krankenhaus.

»Bist du noch wach, Hassan?«

»Hm, ich kann auch nicht schlafen. Ich muß immer daran denken, daß wir jetzt Freunde sind. Glaubst du, wir können richtige Freunde werden?«

»Warum nicht, du redest zwar ein bißchen viel, aber sonst bist du eigentlich ganz in Ordnung.«

»Jossi, es bleibt dabei, nächsten Freitag um drei am Damaskustor.«

»Klar doch, Hassan.«

»Dann, Jossi, zeige ich dir El Kuds, den Shouk, die Wasserpfeifen, Abu Shukri und den Felsendom.«

»Und ich zeige dir mein Jerushalaim, die Klagemauer, die Ben-Jehuda-Fußgängerzone, und du wirst sehen, daß es dort die besten Felafel gibt.«

»Aber erst gehen wir zu Abu Shukri, versprochen?«

»Versprochen.«

2

Freitag, endlich Freitag. Für Juden und Moslems ist Freitag der schönste Tag der Woche. Für Juden beginnt am Nachmittag, sobald es dunkel wird, der Sabbat. Für Moslems ist der ganze Tag ein Feiertag. Sie kommen an diesem Tag in die arabische Altstadt geströmt von überall her, aus Nablus, aus Hebron, aus Ramallah und aus den Dörfern. Sie kommen zum Beten in die Al-Aksa-Moschee und in den Felsendom oben auf dem Tempelberg. Die Frauen kommen zum Einkaufen in die Stadt, während die Männer in den Moscheen den Worten des Imams, des Vorbeters, lauschen.

Der Platz vor dem Damaskustor gleicht am Freitag einem Basar. Auf den Treppen, die hinunter zum Tor führen, haben Händler auf Decken ihre Waren ausgebreitet: bunte Plastikschüsseln, Seifenberge, Kochtöpfe in allen Größen, Socken, Hemden, Hosen, dazwischen Plastikpuppen mit steifen Rüschenkleidern.

Unten am Tor sitzen die Frauen in buntbestickten palästinensischen Trachten. Sie haben Körbe vor sich mit Trauben, Feigen, Minze, frischer Petersilie. Sie halten die duftenden Büschel den Vorbeiziehenden direkt unter die Nase.

Ein Händler versteigert Uhren: Armbanduhren, Küchenuhren und Kuckucksuhren. Er schreit so laut, daß ihm die Halsader anschwillt. Aber die Leute kaufen nicht. Sie schauen nur fasziniert auf die Kuckucksuhren, aus denen ein seltsames Vögelchen herausschnellt und einen schrillen Zirper ausstößt.

Arabische Männer mit der Kefije um den Kopf geschlungen, Touristen mit umgehängtem Fotoapparat, israelische Soldaten mit umgehängtem Gewehr, alles drängt sich durch das enge Tor. Manchmal wird das Gedränge beängstigend, wenn ein arabischer Händler seinen vollbeladenen Esel mit ungeduldigem »Jalla« durch das Menschengewühl treibt.

Hassan ist der erste am Treffpunkt. Es ist schon zehn Minuten nach drei. Hassan ist aufgeregt. Wird er den Freund wiedererkennen? Schließlich haben sie sich eine ganze Woche nicht gesehen. Und überhaupt, vielleicht hat er etwas Wichtigeres zu tun, und er kann nicht kommen. Wenn er nun nicht kommt?

»Da tippt ihm jemand auf die Schulter.

»Hallo, Hassan! Ich hab' schon Angst gehabt, dich in dem Menschengewühl nicht zu finden. Ich wußte gar nicht, daß sich bei euch hier am Freitag soviel tut. Und dann war ich mir auch nicht mehr sicher, ob ich dich wiedererkennen würde.«

»Mensch, du hast dich überhaupt nicht verändert.«

Hassan muß lachen. »Du bist gut, wie soll ich mich denn in einer Woche verändern?«

»Ich find's toll hier«, sagt Jossi, und er setzt sich auf die Stufen neben Hassan.

»Abu Shukri ist gleich hier in der Nähe, wollen wir jetzt hin oder später?«

»Später«, sagt Jossi, »jetzt möcht' ich erst mal hier sitzen bleiben. Sag mal, warst du mal da oben auf der Stadtmauer? Da kann man jetzt langlaufen, fast um die ganze Altstadt herum.«

»Wirklich?« fragt Hassan. Er kennt nur das Stück vom Damaskustor bis zum Neutor, dort, wo seine Schule liegt. Vom Fenster aus sieht er manchmal oben auf der Mauer Touristen entlanggehen.

»Oben auf der Mauer war ich noch nicht, aber unter dem Damaskustor«, sagt Jossi.

»Wieso, was ist denn da unter dem Tor, ist da eine Höhle mit 'nem vergrabenen Schatz?«

»Quatsch, Höhle und Schatz, das sind Kindergeschichten, aber da unten ist echte Geschichte«, sagt Jossi wichtigtuerisch. »Da hat mein Vater gegraben.«

»Und was hat dein Vater da unten gefunden?«

»Eine Straße aus der Römerzeit. Cardo nannte man die Straße.«

»Ist doch nichts Besonderes, 'ne Straße zu finden«, sagt Hassan, wo's hier so viele alte Straßen gibt.«

»Los, ich zeig' dir ein Stück vom alten Jerusalem.«

Sie gehen den Weg hinunter, der zu einem Eingang führt, direkt unterhalb des Damaskustores. Jossi zieht Hassan in einen matt beleuchteten Raum, in dem man einen Teil der alten römischen Toranlage und Straße erkennen kann.

»Schau, hier über diese mächtigen Steine sind die römischen Streitwagen gerollt«, erklärt Jossi und wirkt dabei wie ein Fremdenführer. »Das Tor, das hier war, muß das schönste gewesen sein in der Römerzeit, und vor dem Tor stand eine hohe Säule mit dem Kaiser drauf.«

»Weiß ich doch«, sagt Hassan gelangweilt.

»Woher weißt du das?« fragt Jossi erstaunt.

»Na, bei uns heißt das Tor Bab-al-Amud, Säulentor.«

»Aber weißt du auch, wo diese Säule jetzt ist? Mein Vater weiß es nämlich nicht.«

»Nun gut, wir werden die Säule suchen, wenn wir erwachsen sind. Vielleicht werde ich auch mal Archäologe, ist vielleicht doch besser, als in Chicago Felafel zu verkaufen. Oder? Aber jetzt laß uns weitergehn, ich find' unser Jerusalem viel interessanter als das der Römer«, sagt Hassan. Und dann ziehen sie durch das heutige Jerusalem, vorbei an den Buden der Geldwechsler, den Cafés, in denen die Männer den ganzen Tag hocken, ›politische Gespräche‹ führen und Wasserpfeife rauchen.

Sie tauchen ein im Gewühl der engen, dunklen Basarstraßen, in denen es nach frisch gemahlenem Kaffee, nach Thymian und nach Fisch riecht.

Jossi bleibt vor einem Bäcker stehen. Runde Bleche mit klebrigen süßen Kuchen stehen auf Tischen vor dem Laden. Er kauft zwei Stück und reicht Hassan eins. Da werden sie fast überrollt von einem hohen Holzwägelchen voll beladen mit Coladosen. »Hurrrrra, hurrrrra«, schreit der kleine Händler, »macht mir Platz, Platz da!«

»Gib nicht so an mit deiner Karre. Tust gerade so, als hättest du 'nen Mercedes!« ruft ihm Hassan zu.

Der Junge dreht sich um: »Was brüllst du so, kauf mir lieber 'ne Cola ab, die Geschäfte laufen mies.«

»Also gut, gib mir zwei Cola«, sagt Hassan und reicht ihm Geld.

Jossi indessen schaut fasziniert dem Jungen nach, der sein Wägelchen geschickt durch das Menschengewühl lenkt.

An der Ecke Via Dolorosa staut sich plötzlich alles. Eine Pilgergruppe wird zum Verkehrshindernis. Sie steht laut betend vor der siebten Kreuzwegstation. Einer der Pilger trägt ein großes Holzkreuz.

»Da unten in der Via Dolorosa hat mein Bruder seinen Laden«, sagt Hassan und deutet die enge Gasse hinunter.

Kreuz und quer durch die Altstadtgassen zieht Hassan den Freund. Jossi ist ganz verwirrt, kennt sich überhaupt nicht mehr aus. Plötzlich geht es eine steile Eisentreppe hinauf, und sie stehen auf den Dächern der Altstadt. Unter ihnen die Basargassen und die Höfe der meist ärmlich wirkenden Häuser. Die Dächer der Jerusalemer Altstadt sind das Reich der Katzen. Schwarze, getigerte, rotgescheckte streifen herum oder liegen faul hingestreckt und träumen von nächtlichen Beutezügen, von Fischköpfen und Hühnerflügeln.

Hassan schaut auf seine Uhr. »Wir müssen uns beeilen«, sagt er erschrocken, »wir müssen vor dem Abendgebet in die Moschee.«

Sie laufen los und kommen bald an ein grünes Tor. Im Tor selbst befindet sich noch eine kleine Tür, die geöffnet ist. Hassan und Jossi steigen über eine hohe Schwelle, und dann sind sie mitten auf dem Gelände des Haramesh-Sharif, dem Heiligtum der Moslems auf dem Tempelberg – hier, wo einst der prächtige Tempel der Juden stand, den Herodes bauen ließ.

Heute stehen zwei Moscheen auf dem weiten Platz: die Al Aksa mit der silbernen und der Felsendom mit der goldenen Kuppel.

»Wenn du ein frommer Jude wärst, dann dürftest du jetzt nicht in den Felsendom, stimmt's? Da oben beim Touristeneingang steht es. Aber warum eigentlich?«

»Ich glaube, weil man nicht genau weiß, wo sich das Allerheiligste befand zur Zeit des Tempels. Niemand durfte es betreten außer dem Hohenpriester, und selbst der nur am Versöhnungsfest. Und mein Großvater sagt, der Platz sei bis zum heutigen Tag heilig.«

»Auch für Moslems ist das hier ein heiliger Platz. Komm, zieh deine Schuhe aus, Jossi.«

»Igitt, auf Socken soll ich rumlaufen?«

»Siehst du, wir Moslems müssen uns immer die Füße waschen und auch die Hände, bevor wir zum Gebet gehen.«

»Nee, das wär' nichts für mich, ständig Füße waschen.«

»Jetzt komm schon.«

»Oh, ist das hier dunkel, das ist unheimlich hier.«

»Brauchst keine Angst zu haben, ich bin bei dir. Komm, wir setzen uns da drüben hin. Wenn uns jemand anspricht, dann sage ich, du wärst stumm. Die sollen nicht wissen, daß du Jude bist.«

Nur spärlich fällt das Licht durch die mit Gips vergitterten Fenster; ab und zu blitzt eines der vielen goldenen Mosaiksteinchen auf, wenn es von einem Sonnenstrahl getroffen wurde. Die Wände sind mit wunderschönen Ornamenten geschmückt, mit Blumengirlanden und arabischen Schriftzeichen. Es sind Verse aus dem Koran, dem heiligen Buch des Islams. In der Mitte des Heiligtums ragt ein Felsen empor, umgeben von einer hohen Mauer. Eine kleine Treppe führt hinunter in einen Raum, eher eine Höhle, unterhalb des Felsens. Dort hocken Frauen, ganz verschleiert. Sie beten leise vor sich hin. Bir-el-Arwah, Brunnen der Seelen, nennen die Moslems diese Höhle. Man sagt, daß sich hier die Seelen der Verstorbenen zum Gebet treffen.

»Salam aleikum, Jungens, seid ihr zum Beten gekommen?«

»Wa aleikum-a-salam, wir sind gekommen, um das schönste Juwel El Kuds anzuschauen und unsere Gebete zu Allah dem Allwissenden zu richten«, sagt Hassan.

»Das ist gut so. Wo kommt ihr her?«

»Wir sind aus Kubeibe«, antwortet Hassan dem Alten, der sie schon eine ganze Weile beobachtet hat.

»So, aus Kubeibe – um das Wunder aller Wunder, den Ursprung der Welt, zu sehen. Setzt euch ganz dicht zu mir, damit ich mit meiner Stimme die Stille des heiligen Ortes nicht störe. Ich will euch die phantastische Geschichte dieses heiligen Ortes erzählen. Der Felsen dort in der Mitte, er ist nicht nur Mittelpunkt der Moschee, er ist auch der Mittelpunkt unserer Erde. Der Grundstein der Menschheit, so sagt es die Legende seit vielen Jahrhunderten. Adam wurde hier geschaffen. Auch Abraham war an diesem Ort. Ihr wißt doch, Abrahams erster Sohn Ismael wurde zum Stammvater der Araber und Isaak, sein zweiter Sohn, zum Stammvater der Juden. Hier, auf diesem Felsen wollte Abraham seinen Sohn opfern, so wie es ihm von Allah befohlen wurde.

Die Juden glauben, es war Isaak, der geopfert werden sollte, wir glauben aber, es war Ismael, denn er war der Erstgeborene. Die Juden bauten hier den ersten Tempel, unter König Salomo dem Weisen. Ein Engel hatte ihnen diesen Platz gewiesen. Die Babylonier zerstörten den Tempel. König Herodes, Vasall der Römer, baute den Juden einen neuen Tempel, und er soll viel, viel prächtiger gewesen sein als Salomos Tempel. Die Juden waren Rebellen gegen die Römer, denn sie weigerten sich, die Götter der Römer anzubeten. Die römischen Legionen legten eine jüdische Stadt nach der anderen in Schutt und Asche – zuletzt Jerusalem. Der prächtige Tempel wurde ein Opfer der Flammen. Die Juden wurden aus Jerusalem vertrieben. Die Römer bauten eine neue Stadt und nannten sie Aelia Capitolina. Nach den Römern kamen die Christen und bauten Kirchen an den Stellen, an denen ihr Jesus gewirkt hatte, und dort, wo er gekreuzigt und begraben wurde. Die Perser fegten kurz durchs Land und zerstörten ihre Kirchen. Und dann«, jetzt wurde der Alte ganz feierlich, »dann kam die Botschaft des Islam auch nach Jerusalem. Kalif Omar I., Herrscher über ganz Arabien, verkündete allen: Allah ist der größte, und Mohammed ist sein Prophet. Und hier an der Stelle, wo einst der jüdische Tempel stand, baute man eines der schönsten Heiligtümer des Islam. Der Felsen wurde zum Mittelpunkt eines prächtigen Schreins, denn hier hatte der Prophet Mohammed gebetet. Dort unten in der Grotte betete er so innig zu Allah, daß er zum Himmel aufstieg. Der Felsen wollte ihm folgen, aber der Engel Gabriel hielt ihn zurück. Es war eine Wundernacht, als der Prophet von Medina auf seinem Schimmel El Burak hierherkam und von hier direkt in den Himmel und vom Himmel nach Medina ritt. Für mich ist dieser Ort so heilig wie Mekka und Medina. Die Kaaba, der schwarze Stein von Mekka, höchstes Heiligtum des Islam, zu dem alljährlich Millionen von Pilgern ziehen, wird einst am Jüngsten Tag nach Jerusalem kommen und gemeinsam mit dem Felsen in den Himmel aufsteigen, so steht es geschrieben. Da seht ihr, wie wichtig für uns Moslems der Felsendom ist. Ich komme jeden Tag her, um hier meine Gebete zu verrichten, und ich sage euch, jedesmal ist das Licht anders. Wißt ihr, wie viele Fenster die Moschee hat? Es sind 56, und eins ist schöner als das andere. Nichts auf der Welt kann sich mit diesem Heiligtum an Schönheit messen.

Und jetzt folgt mir zum heiligen Felsen.

Leg deine Hand hier in dieses Loch, nun komm schon. Spürst du den Abdruck eines Fußes?«

»Ja, ich glaube, warte mal, doch jetzt spür' ich's«, sagt Hassan. Jossi ist ganz still an seiner Seite.

»Warte, ich glaube ... entweder du glaubst es oder nicht. Als gläubiger Moslem müßtest du es glauben, ohne zu zweifeln.«

»Wessen Fuß ist es?«

»Wessen Fuß es ist, du fragst mich das?« schnauft der Alte empört. »Willst du mich prüfen, oder willst du mich verspotten? Bürschlein, du weißt es doch wohl?«

»Natürlich, es ist der Fuß des Propheten.«

»Selbstverständlich ist es der Fuß des Propheten. Und hier in diesem kleinen Schrein, was befindet sich hier?«

»Alter, mach uns das Leben nicht schwer.«

»Beim Barte des Propheten, ihr wißt es nicht?«

»Natürlich«, ruft Hassan, »es ist ein Haar aus dem Barte des Propheten, und nur im heiligen Fastenmonat Ramadan bekommen wir es zu sehn!«

»Brav, mein Junge, du bist gelehrig. Sicher kommst du mit deinem Vater im Ramadan zum Beten her. War von den Deinen schon jemand in Mekka?«

»Nein, zu solch weiter Reise fehlt uns das Geld, aber El Kuds ist doch auch ein heiliger Platz, oder?«

»Ja, da hast du recht. In früheren Zeiten erhielten die Gläubigen, die hierher zum Beten kamen, ein Zertifikat, das sie zum Eintritt ins Paradies berechtigte.«

Jossi wird es indessen etwas ungemütlich. Der Alte stellt so viele Fragen, und schon wieder setzt er an.

»Es ist wahrhaftig ein großes Heiligtum des Islam, und nie werden wir es aufgeben. Wer, glaubt ihr denn, wer mehr Recht auf diesen Platz hat, die Juden, deren Zeit vor 2000 Jahren abgelaufen ist, oder wir? Unser Prophet war der letzte in einer Reihe von Propheten, zu denen Allah gesprochen hatte. Unsere Schrift ist die alleingültige.«

Jetzt kann sich Jossi nicht mehr beherrschen.

»Nein«, ruft er, »das stimmt nicht!«

Der Alte schaut ihn erschrocken an.

»Jarab, was ist denn das, ich dachte schon, das Bürschlein wäre stumm? Du bist ein Jude, habe ich recht? Bist du ein Spion? Willst du ausspionieren, wo man hier eine Bombe legen kann, um unser Heiligtum in die Luft zu jagen, damit ihr euren Tempel wieder aufbauen könnt? Zu oft waren die Euren schon hier und haben provoziert, haben versucht, uns von hier zu verjagen, mit ihren Gewehren. Verrückte, sagten die Israelis, um die verrückten Taten zu entschuldigen. Ich sage Verrückte mit System. Wer sagt mir denn, daß du nicht zu ihnen gehörst?«

»Ich, Hassan Nasser Eldin, ich sage dir, er ist ein Freund der Araber. Ich schwör' es dir beim Barte des Propheten, daß er nichts Böses vorhat. Bitte glaube mir!«

»Ich weiß nicht, ob ich dir glauben soll, zu oft schon sind wir von den Juden getäuscht worden. Aber Allah ist wachsam, er hat bisher Unheil verhütet.«

Hassan zieht den Alten weg und flüstert ihm ins Ohr: »Ich muß dir etwas sagen, du mußt es mir glauben. Ich habe vor, ihn zum Islam zu bekehren. Das ist doch der Wunsch des Propheten, oder nicht, daß alle Ungläubigen bekehrt und zum rechten Glauben geführt werden? Er ist schon auf dem besten Wege, glaube mir.«

Der Alte schaut ihn verblüfft an. »Hast du das wirklich vor, oder willst du mich nur an der Nase herumführen?«

»Ganz ehrlich, beim Barte und beim Fuße des Propheten«, schwört Hassan.

»Nun gut«, der Alte blickt mißtrauisch von Hassan zu Jossi und dann in komischer Verzweiflung zum Himmel. »Allah soll das begreifen.« Dann zieht er weiter, ungläubig den Kopf schüttelnd.

Hassan zieht den Jossi zum Ausgang. Der ist erleichtert, als sie wieder draußen stehen.

»Was hast du dem Alten erzählt? Ich hatte unheimlich Angst, daß der mir was tut«, sagt Jossi.

»Na ja, ich hatte auch ein bißchen Angst«, gibt Hassan zu, »und deshalb habe ich dem Alten gesagt, daß du zum Islam übertreten willst. Es hat funktioniert.«

»So'n Quatsch«, sagt Jossi empört, »ich und Moslem. Glaubst du denn auch, daß der Mohammed mitsamt seinem Pferd in den Himmel geflogen ist?« fragt Jossi. »Und glaubst du wirklich, daß der Stein da drinnen so heilig ist?«

»So heilig wie die Steine eurer Klagemauer«, antwortet Hassan ernst.

3

Ein dumpfer Sirenenton ertönt. Es ist das Zeichen für den Sabbatbeginn. Als die beiden durch den engen Basar zurückgehen, kommen ihnen mit schnellen Schritten fromme Juden entgegen. Sie laufen rasch, als verfolge man sie. Den Kopf gesenkt, der Blick starr zum Boden gerichtet, nicht rechts, nicht links schauend. Auf dem Kopf tragen sie schwarze Kugelhüte und manche sogar trotz des warmen Tages runde flache Pelzhüte. Ihre blassen Gesichter sind eingerahmt von langen Schläfenlokken, die im Takt ihrer Schritte auf und ab wippen. Ihre breiten Gebetsschals flattern wie Flügel hinter ihnen her, als sie so rasch durch die Gasse laufen. ›Wie große schwarze Vögel‹, denkt Hassan, und er schaut ihnen fasziniert nach.

»Warum laufen sie eigentlich immer so schnell?«

»Sie haben ständig Angst, daß sie nicht genügend Zeit zum Beten haben«, antwortete Jossi.

Als sie in die Nähe der Via Dolorosa gelangen, tauchen plötzlich von überall Soldaten auf, rennen in Richtung Via Dolorosa.

»Da scheint was passiert zu sein, laß uns schnell raus aus der Altsadt.« Jossi zieht Hassan ängstlich weiter.

»Warte, ich will erst sehen, wo das ist. Da unten hat doch mein Bruder seinen Laden.«

Aber sie kommen nicht vorwärts. Immer mehr Soldaten stürmen herbei, rennen sie fast um. Einer schubst sie zur Seite.

»Kinder, macht, daß ihr nach Hause kommt.«

Araber ziehen eilends an ihnen vorbei. Geschäfte werden geschlossen, Rolläden geräuschvoll heruntergelassen. Die Menschen verziehen sich in ihre Häuser, verkriechen sich ängstlich, wollen nichts zu tun haben mit dem, was da wieder geschehen ist. Am unteren Ende der Via Dolorosa leuchtet das rote Licht eines Ambulanzwagens auf. Ein Mann wird weggetragen.

Jossi und Hassan stehen wie angewurzelt am Eingang der Via Dolorosa. Zwei Polizisten kommen von unten herauf, sie führen einen Mann an ihnen vorbei.

»Nader«, ruft Hassan erschrocken. »Nader, was hast du getan, warum führen sie dich fort?«

»Nichts, Hassan, ich habe nichts getan. Sag das dem Vater. Es geschah vor meinem Laden. Jemand hat einen Juden erstochen. Ich habe nichts gesehen, und ich habe nichts damit zu tun, sag das dem Vater, ich bitte dich.« Und dann, als er schon ein ganzes Stück von ihnen entfernt ist: »Ich bin unschuldig, ich komme bald nach Hause, bestimmt.«

Hassan schaut erschrocken den Polizisten nach, die Nader in Richtung Damaskustor abführen. Soldaten drängen die neugierig gaffenden Menschen beiseite. Wut steigt in ihm auf, und dann laufen ihm die Tränen über das Gesicht, er kann sie nicht zurückhalten. Er stößt den Freund, der ihn bei der Hand genommen hat, ihn trösten will, er stößt den Freund beiseite und rennt den Polizisten nach.

»Hassan, dein Bruder ist bestimmt unschuldig, du wirst sehen. Hassan, bitte, komm nächsten Freitag wieder zum Damaskustor.«

Hassan klingen noch die Worte Jossis »nächsten Freitag Damaskustor« im Ohr. Er will den Bruder einholen. Aber die vielen Menschen, die durch die Altstadt drängen, lassen ihn kaum vorwärtskommen. Er läuft zur Nablusstraße. Dort, gegenüber dem Damaskustor, hält der Bus nach Kubeibe. ›Bloß schnell nach Hause‹, denkt er. ›Aber wie werde ich es dem Vater beibringen? Er wird mir verbieten, mich mit Jossi zu treffen. Was mag wohl Jossi jetzt denken?‹

Der Bus ist voll. Die Frauen, die schon frühmorgens mit ihren großen Obst- und Gemüsekörben in die Stadt gekommen sind, fahren mit leeren Körben zurück auf die Dörfer. Die Körbe stehen auf den Sitzen und im Gang. Ein Junge mit zerrissener Hose und zerlumptem Hemd kämpft sich durch den Bus, steigt über Kisten und Körbe, balanciert eine Schachtel Mohrenköpfe in der Hand, preist sie schreiend an. Niemand scheint jedoch Lust auf

Mohrenköpfe zu haben. Verdrossen kämpft er sich zum Ausgang zurück und steigt in den nächsten Bus. Das Geschehen in der Via Dolorosa macht die Runde. Einige deuten auf Hassan, denn die Leute im Bus kommen fast alle aus Kubeibe und kennen seine Familie. Hassan kauert sich in die letzte Reihe, macht sich klein, unauffällig. Er hat keine Lust zu reden. Er will nur ganz schnell nach Hause. Die Fahrt erscheint ihm heute endlos lange. Der alte klapprige Bus schnauft durch die bergige Landschaft, hält in jedem Dorf. Kurz vor der Endstation steigt Hassan aus. Schnell läuft er den Weg zurück zum Haus des Vaters. Vor dem Haus steht eine Gruppe von Männern. ›Vielleicht haben sie es Vater schon erzählt‹, denkt er. Sicher. Er drängt sich durch die Männer hindurch ins Haus. Da sitzt die Mutter, umgeben von den Schwestern. Hilflos sieht sie aus, und ihr Gesicht ist vor Aufregung ganz rot.

»Vielleicht war er es doch«, hört er Intisar ausrufen. »Er ist ein mutiger Kämpfer. Bestimmt war er es, ich traue es ihm zu.«

»Sag nicht so etwas!« ruft die Mutter erschrocken aus. »Weißt du überhaupt, was das bedeutet für ihn und für die Familie? Weißt du, was passiert, wenn ein Araber für schuldig befunden wird, einen Juden umgebracht zu haben? Nicht nur, daß er für den Rest seines Lebens hinter Gefängnismauern verschwindet, nein, die Familie muß mitbüßen. Das Haus, in dem er, in dem die Familie lebt, wird zerstört, wird dem Erdboden gleichgemacht. Alle Spuren des Verbrechens sollen ausgelöscht werden.«

»Mutter, er war es nicht. Ich weiß es«, sagt Hassan.

Die anderen schauen ihn an.

»Sei du bloß still«, rufen alle. »Du hast dich ja sogar mit einem Juden angefreundet, und heute bist du mit ihm durch die Altstadt gezogen. Man hat euch gesehen«, sagt Intisar triumphierend. »Verräter!«, und die Schwester spuckt verächtlich vor ihm aus.

Das ist zuviel für Hassan. Er rennt hoch auf sein Zimmer, wirft sich aufs Bett und heult seine ganze Verzweiflung in das Kissen. Den Abend über bleibt Hassan auf seinem Zimmer. Auch zum Essen erscheint er nicht. Mutter will ihm etwas bringen, aber Vater sagt, man solle ihn in Ruhe lassen.

In der Nacht hat Hassan schlimme Träume. Israelische Soldaten kommen ins Dorf gefahren, fragen nach dem Haus von Nader. Er läuft ihnen entgegen und bittet sie, der Familie nichts zu tun. »Ich habe einen Freund, der ist Jude, er heißt Jossi, sein Bruder ist Soldat bei euch, er heißt Uzi, kennt ihr ihn?«

»Uzi, Schmuuuuuzi ...« Sie lachen ihn aus. »Es gibt keine Freundschaft zwischen uns und euch. Keine Brüderschaft zwischen Abrahams Nachkommen. Nur Feindschaft zwischen Isaak und Ismael. Geh uns aus dem Wege, damit wir dein Haus plattwalzen können.«

Hassan stellt sich vor die Panzer und schreit aus Leibeskräften. »Neiiiin – aufhören!« Und wieder ertönt ein Lachen, diesmal ist es der Alte aus dem Felsendom. »Na, Bürschlein, habe ich dich nicht gewarnt, Freundschaft mit Juden ist Verrat, Verrat, Verrat.«

Hassan wacht schweißgebadet auf.

»Was ist mit dir, hast du was Schlimmes geträumt?

Trink ein Glas Wasser und versuche, wieder einzuschlafen, vorher denke noch an was Schönes«, rät ihm Bruder Samir und dreht sich laut seufzend auf die andere Seite.

Am nächsten Morgen wacht Hassan mit einem unheimlich traurigen Gefühl auf, so als hätte man ihn ganz allein irgendwo ausgesetzt, um ihn herum nur Fremde, Menschen, die ihn nicht verstehen. ›So ist es also, wenn die ganze Welt gegen einen ist‹, denkt er, und er wird gleich noch trauriger. Stumm trinkt er seinen Tee, nimmt die Schultasche und läuft zur Bushaltestelle.

Auch Jossi konnte diese Nacht nicht schlafen. Wieder hat er ganz fest gebetet, daß Nader unschuldig sei. Vorsichtshalber hatte er gestern dem Vater nichts gesagt, und heute am Sabbat wird er sich den ganzen Tag verkrümeln. Er hat keine Lust, mit irgend jemandem darüber zu sprechen, was er erlebt hatte in der Moschee und in der Via Dolorosa. Außerdem mußte er alles erst einmal überdenken. Es ist so schrecklich verwirrend. Auch ist er unsicher geworden. ›Vielleicht ist es besser, Hassan nicht mehr zu sehen‹, denkt er. ›Aber nein, das wäre Verrat an der Freundschaft, die sie sich geschworen haben. Und schließlich ist doch zwischen ihn beiden alles in Ordnung.‹

Am nächsten Morgen schlägt der Vater wie gewöhnlich die Zeitung auf, um der Familie beim Frühstück die Schlagzeilen vorzulesen. Und wie gewöhnlich werden der Familie meist nur unerfreuliche Dinge zum Morgenkaffee präsentiert. Vater liest vor: »Ein jüdischer Geschäftsmann wurde auf der Via Dolorosa durch einen Messerstich in den Rücken verletzt. Er ist außer Lebensgefahr. Mehrere verdächtige Araber wurden festgenommen.«

»Sag mal, Jossi, warst du nicht am Freitag nachmittag in der Altstadt mit deinem neuen Freund aus dem Krankenhaus. Wie heißt er doch gleich?«

»Hassan«, antwortet er der Mutter. Er starrt in sein Schulheft, um ja nicht weiter ausgefragt zu werden.

»Es ist traurig, daß immer wieder was passieren muß. Es bringt uns doch keinen Schritt weiter, daß die Araber das nicht begreifen.« Vater schüttelt traurig den Kopf.

»Jetzt muß man als Jude schon wieder Angst in der Altstadt haben«, sagt Mutter.

Jossi stopft sich den Rest seines Brotes in den Mund, nimmt die Schultasche und verschwindet, ohne Shalom zu sagen.

»Was hat er denn?« fragt Vater. »Muß ihn vorgestern doch mitgenommen haben. Ich werde heute abend mal mit ihm reden.«

Bis zum Abend hatte Vater wieder vergessen, über was er mit Jossi reden wollte. Es hatte Ärger mit einer Behörde gegeben, und so war sein Kopf voll mit anderen Dingen.

Auch Jossis Schultag verlief eher unerfreulich. Er bekam eine verpatzte Mathe-Arbeit zurück, und sein Arabisch wollte ihm heute nicht über die Lippen. Sonst gehörte er zu den Besten in Arabisch. Wird wohl sein, weil heute Sonntag ist. Sonntag, der erste Schultag der Woche, war sowieso nicht sein Tag.

Die Woche erscheint Jossi unendlich lang. Doch dann ist endlich Freitag. Soll er gehen, oder soll er lieber zu Hause bleiben. Vielleicht kommt Hassan sowieso nicht. Er weiß wirklich nicht, was er tun soll. Die Eltern kann er nicht fragen. Er findet, daß das ganz allein sein Problem ist. Aber schließlich drängt es ihn doch zum Damaskustor. Als Mutter fragt, wohin er geht, sagt er ihr, er ginge mit ein paar Klassenkameraden ins Kino. Sie gibt ihm sogar das Kinogeld. Und er zieht mit einem ziemlich schlechten Gewissen los.

An diesem Freitag gleicht das Damaskustor einer belagerten Festung. Überall stehen Soldaten herum und kontrollieren die Papiere der jungen Araber. Einer muß seine Schultasche ausschütten. Nichts als Bücher, Hefte, Kugelschreiber und ein paar Musikkassetten fallen auf die steinernen Stufen. Dann entdeckt Jossi unter den Soldaten Uzis Freund, den Rafi. ›Hoffentlich sieht er mich nicht‹, denkt er ängstlich. Er mischt sich unter die Gruppe von Neugierigen, die auch heute wieder den Verkäufer der Kuckucksuhren umsteht. Immer wieder schaut er zur Straße, von der Hassan kommen muß. Da endlich taucht oben auf den Stufen, die zum Damaskustor hinunterführen, Hassans Kopf auf. Schnell rennt Jossi die Stufen hinauf, packt ihn und zieht ihn in Richtung Straße.

»Was ist los, ist wieder was passiert?«

»Nein, aber die Soldaten da unten, da kenn' ich einen. Ich will nicht, daß er mich sieht.«

»Dich sieht mit 'nem Araber, ist es nicht so?«

»Red keinen Quatsch, wie soll der dich denn als Araber erkennen, du könntest leicht als Jude durchgehen«, beruhigt Jossi den Freund.

»Danke für das Kompliment«, knurrt Hassan. »Als ob

das was Besonderes ist, ein Jude zu sein.« Irgendwie ist er sauer.

»Ich habe heute keine Lust, durch die Altstadt zu ziehen«, sagt Hassan. »Wo du hinspuckst, ein Soldat. Mir ist heute nicht nach Soldaten.«

»Ja, Mensch, erzähl, was ist eigentlich aus deinem Bruder geworden?«

»Sie haben ihn freigelassen. Hat sich schnell rausgestellt, daß er unschuldig ist. War doch klar.«

»Tut mir echt leid die ganze Geschichte mit deinem Bruder, echt. Ich schlage vor, wir gehen heute mal in die Neustadt, in die Ben-Jehuda-Fußgängerzone. Ich lad' dich zu Felafel ein. Meine Mutter hat mir Geld gegeben. Hab' ihr erzählt, ich ging ins Kino. Manchmal muß man Eltern anschwindeln.«

»Ich war noch nie in der jüdischen Neustadt«, sagt Hassan.

»Sag bloß, und warum nicht?«

»Mein Vater hat's mir verboten. Der sagt, wenn da was passiert, dann sind immer gleich die Araber schuld.«

»Wird schon nichts passieren, ganz bestimmt«, versichert ihm Jossi.

Sie laufen den steilen Weg zur Jaffastraße hoch. Biegen dann am Rathaus mit seiner immer noch zerschossenen Fassade aus all den Kriegen in die Jaffastraße ein. Hier herrscht Hochbetrieb. Es ist die Hauptstraße in Jerusalems Neustadt. Menschen mit Einkaufstüten hasten an ihnen vorüber. Autos hupen ungeduldig. Busse verstopfen die Straße. Bald beginnt der Sabbat, und jeder will vorher zu Hause sein.

In den Cafés der Ben-Jehuda-Fußgängerzone sitzen viele junge Leute. Sie diskutieren laut, und sie lachen. Straßenmusikanten fiedeln und zupfen auf ihren Geigen und Gitarren herum, hoffen auf ein paar Schekel. Die Menschen bleiben stehen, hören zu, auch die Soldaten. Sie sitzen auf den steinernen Umfassungsmauern der Bäume, ihr Gewehr lässig neben sich gelehnt, lauschen der Musik, blinzeln in die Sonne. In Gedanken scheinen sie weit entfernt von Überfällen und von Kriegen.

An einer Felafelbude bestellt Jossi zwei Pittataschen, die mit Kugeln aus einer Kichererbsenmasse gefüllt werden, außerdem mit Tomaten, Gurken, eingelegter Rote Bete, und darüber kommt eine dicke scharfe Soße.

»Schmeckt wirklich gut, eure Felafel«, muß Hassan zugeben. Sie setzen sich auf eine Steinmauer und schauen sich die Leute an. Hassan ist fasziniert, und er beobachtet voller Staunen die Menschen hier im jüdischen Teil der Stadt. Sie sind ganz anders als die Araber in seinem Dorf oder auch die in Jerusalem. Die Mädchen sitzen mit den Männern zusammen an einem Tisch und schwatzen ungeniert und ohne züchtig die Blicke zu senken. Auch die Kleider würde Vater als schamlos empfinden. Viele Mädchen haben an diesem heißen Tag knappe Shorts an und ein Oberteil, das mehr als nötig ihre Weiblichkeit zeigt, findet Hassan. Zwar laufen seine Schwestern nicht mit Schleier herum und Intisar, die freiste unter ihnen, trägt Jeans, aber Vater achtet streng darauf, daß sie Kleidungsstücke tragen, die er als züchtig empfindet. Hier ist alles so locker. Es gefällt Hassan, aber gleichzeit verwirrt es ihn auch.

Jossi reißt ihn aus seinen Gedanken: »Komm, laß uns jetzt zur Kotel – zur Klagemauer – gehen. Es ist schön dort, wenn der Sabbat beginnt.«

Hassan ist einverstanden, aber nur, wenn sie nicht durch die Altstadt kommen. Sie laufen an der Stadtmauer entlang, vorbei am Jaffator. Dort, wo Ende des vergangenen Jahrhunderts die Türken eine breite Bresche in die Mauer geschlagen hatten, um den deutschen Kaiser in Pomp und Würden zu empfangen. Seitdem gibt es kein Tor mehr am Jaffator. Der durch Rasen und Büsche eingesäumte Weg führt den Berg hoch, den Zionsberg mit dem steinernen Rundbau der deutschen Benediktinerabtei Dormitio. Sie gelangen zum Zionstor. Jossi zeigt Hassan die vielen Einschüsse aus dem Sechs-Tage-Krieg.

»Damals wurde Jerusalem wiedervereint«, sagt Jossi. Hassan hatte in der Schule gelernt, daß im Sechs-Tage-Krieg sein Volk die größte Demütigung erlitten hatte.

Sie kommen vorbei am Viertel der Armenier, mit Läden, die außer den lateinischen Buchstaben Schriftzeichen einer ganz fremden Kultur zeigen. Neben den Arabern und den Juden bewohnen die Armenier ihr eigenes Viertel, mit eigenen Läden, Kirchen und Schulen, schon seit vielen Jahrhunderten. Hinter dem Viertel der Armenier beginnt das neuaufgebaute Viertel der Juden. Es ist Hassan nicht ganz klar, warum die Häuser alle neu sind. Aber Jossi weiß es. »Damals 1948 im arabisch-israelischen Krieg, den wir den Unabhängigkeitskrieg nennen, da haben die Jordanier die jüdische Altstadt erobert. Viele Häuser und Synagogen wurden zerstört, andere zerfielen. Als wir dann 1967 die Altstadt eroberten, da hat man das jüdische Viertel neu aufgebaut«, erklärt Jossi.

»Und wer hat früher im Judenviertel gewohnt?« will Hassan wissen.

»Fast nur fromme Juden, die in der heiligen Stadt Jerusalem die Tora studierten und auf den Messias warteten.« Jossi zeigt auf einen riesigen Neubau. »Das ist so eine Toraschule.«

Hassan steigt auf die Stadtmauer und schaut hinunter auf das Dorf Silwan und das Kidrontal. Die untergehende Sonne streut sanftes goldenes Licht über den Ölberg und die Häuser des Dorfes. Es herrscht dort die Betriebsamkeit des zu Ende gehenden Moslem-Feiertages. Im Judenviertel ist der kommende Sabbat schon zu spüren. Frauen mit Kopftüchern oder gehäkelten Mützen und mit langärmligen Kleidern sitzen auf der Bank eines kleinen Platzes. Mädchen mit Zöpfen und Baumwollstrümpfen und Jungen mit Käppchen und Schläfenlocken spielen Fangen um einen Baum.

Auf ihrem Weg hinunter zur Mauer begegnen Hassan und Jossi immer mehr fromme Juden. Unten am Platz müssen sie eine Sicherheitskontrolle passieren. Der Soldat winkt sie schnell durch.

»Warum nennt ihr eure Mauer Klagemauer?« will Hassan wissen.

»Ich glaube, weil wir nie aufhören dürfen, über die Zerstörung des Tempels zu klagen. Der Messias, so sagt Großvater Shmuel, der wird, wenn er kommt, uns einen neuen Tempel bauen, viel prächtiger als der alte und als eure Moschee.«

»Schön und gut, aber da gibt es Juden, die können es nicht abwarten, bis der Messias kommt, und die würden am liebsten schon jetzt einen neuen Tempel bauen. Stimmt's?«

»Vielleicht«, sagt Jossi, aber davon will er nichts hören.

Jetzt stehen sie vor der Klagemauer, auch Westmauer genannt, denn es ist die westliche Mauer der einstigen Tempelumfassung. Sie stehen vor einem niedrigen Zaun und blicken auf den Betplatz vor der Klagemauer. Auf ihm werden jetzt hohe Tische aufgestellt. Um die Tische sammeln sich kleine Gebetsgruppen, zehn Männer müssen es sein. Mit Dreizehn feiern jüdische Buben ihre Bar-Mizva und gehören dann zu den Männern. Jossi ist in diesem Jahr Dreizehn geworden.

Ein alter Mann stellt sich neben die beiden. Er ist klein, sein Haar ist schneeweiß, er trägt dicke Brillengläser. Mit einer Hand stützt er sich auf einen Stock, mit der anderen hält er die Hand eines Jungen im Alter von Jossi und Hassan.

»Siehst du, Enkel, da trennen uns Meere, wir sprechen verschiedene Sprachen. Ich muß mich in Englisch quälen, nur weil du die Sprache deiner Väter nicht beherrschst. Aber hier an der Mauer sind wir beide nur noch Juden. Hier stehst du nun an den Steinen, die einzig übrigblieben von unserem so prächtigen Tempel. Viele Jahre war uns dieser Platz verschlossen – neunzehn lange Jahre –, als dieser Teil der Stadt zu Jordanien gehörte. Die Klagemauer war verborgen hinter Ruinen, hinter Gerümpel und wurde zum Müllplatz. So sehr haßten uns die Araber, daß sie unser Heiligstes auf solche Weise entheiligten.

Dann im Sechs-Tage-Krieg eroberten wir die Altstadt, denn Adonai war auf unserer Seite, und er hat uns auch die Klagemauer zurückgegeben. Wir haben sie befreit vom Gerümpel, von den Ruinen, die sie umgaben. Jetzt blickst du über einen großen freien Platz vor dieser ehrwürdigen hohen Mauer, zu der nun Juden aus aller Welt kommen, um davor zu beten.« Der alte Mann zieht ein gehäkeltes Käppchen aus seiner Jackentasche und setzt es sich auf; auch der Junge setzt sich ein Käppchen auf, als sie beide zum Gebetsplatz gehen.

»Warum hast du nicht auch so ein schönes Käppchen«, fragt Hassan.

»Zu Hause hab' ich eins, aber ich trage es nur, wenn wir in die Synagoge gehen oder wenn wir zu Hause eine religiöse Feier haben. Hier müssen wir jetzt diese aus Pappe aufsetzen«, und Jossi geht zu einem Tisch, nimmt sich zwei Käppchen, setzt sich eins auf und reicht das andere Hassan.

Aus einigen der Mauerspalten wachsen Grasbüschel heraus, und in anderen stecken zusammengefaltete Zettel.

»Was sind das für Zettel?« will Hassan wissen.

»Die Menschen, die eine Bitte an Adonai haben, schreiben sie auf einen Zettel und stecken ihn in die Mauerritze. In der Nacht kommt dann ein Engel, sammelt die Zettel ein und bringt sie in den Himmel«, flüstert Jossi, als handle es sich um ein Geheimnis.

Neben ihnen steht wieder der alte Mann mit seinem Enkel. Der Junge schreibt gerade etwas auf einen Zettel und steckt ihn in die Mauerritze. »Und du glaubst wirklich, Großvater, es hilft? Woher weiß denn Adonai, welches mein Zettel ist?«

»Sam, auch wenn du einen Zettel ohne Namen reinsteckst, Adonai weiß alles, kennt deine geheimsten Wünsche.«

»Jossi, glaubst du, daß euer Engel den Zettel eines Moslemjungen mit zu eurem Adonai nimmt?« fragt Hassan so laut, daß sich der alte Mann zu ihm umdreht und ihn lächelnd anschaut.

»Wenn ich mich in euer Gespräch einmischen darf, meine Söhne, Jerusalem ist die Stadt, in der am innigsten zu dem einen Gott gebetet wird. Wir Juden beginnen unseren Tag mit dem Gebet: ›Höre, Israel, es gibt nur einen Gott.‹ Und die Moslems preisen ihn fünfmal am Tag als Allah den Allbarmherzigen. Nur haben wir alle verschiedene Arten, ihn zu verehren, verschiedene Arten des Gottesdienstes und verschiedene Arten, ihm gegenüberzutreten. Wir Juden bedecken unser Haupt, ihr Moslems zieht euch die Schuhe aus und begrüßt ihn auf Socken, die Christen nehmen den Hut ab vor dem Höchsten. Ich glaube nicht, daß der Höchste etwas gegen ein bißchen Abwechslung hat.«

»Also, Sie glauben, es gibt da kein Problem, wenn ich in eure Mauer meinen Wunschzettel stecke?« fragt Hassan.

»Ganz bestimmt nicht«, antwortet der alte Mann schmunzelnd.

»Vielen Dank«, sagt Hassan, »das ist 'ne prima Sache, werde ich jetzt öfter machen.«

Während Hassan eine Seite aus seinem Heft reißt und einen endlos langen Wunsch draufschreibt, geht Jossi eigenen Gedanken nach. Er denkt an den Großvater, der im Sechs-Tage-Krieg zu den Soldaten gehörte, die als erste zur Klagemauer vordrangen. Ein Rabbiner war bei der Einheit, und als er vor der Mauer stand, da blies er ins Schofar, das Widderhorn, das eigentlich nur am Neujahrsfest geblasen wird. Alle Soldaten haben geheult, und Großvater erzählte, daß sie vor lauter Heulen kaum richtig beten konnten. Jossi konnte das nie verstehen, warum sie in einem solchen Moment geweint haben und sich nicht furchtbar gefreut haben, daß sie nach so langer Zeit endlich vor dem heiligen Platz standen. Aber Großvater sagt, das sei ein so starkes Gefühl gewesen, vor der Mauer zu stehen, die einst das heiligste aller Heiligtümer umschloß, ob man es wollte oder nicht, Adonai ließ die Tränen fließen.

Inzwischen ist es fast dunkel geworden. Der Platz vor der Mauer füllt sich immer mehr mit Betenden. Hassan schaut erschrocken auf seine Uhr: »Ya Allah, ich bekomme keinen Bus mehr, und für ein Sammeltaxis hab' ich kein Geld.«

»Wenn es nur das ist«, sagt Jossi großmütig und ist froh, dem Freund helfen zu können.

»Und wie kommst du jetzt nach Hause?«

»Ich muß ohnehin laufen, bei uns gibt es ja am Sabbat keine Busse, aber Jerusalem ist nicht so groß.«

»Ich muß mich beeilen«, sagt Hassan, »sonst bekomme ich Ärger.«

»Also dann, bis nächsten Freitag.«

Hassan rennt durch die Altstadt. Die Gassen sind menschenleer, die Läden geschlossen. Links und rechts der Gassen türmt sich der Müll, bereit, abgeholt zu werden.

Katzen umschleichen die Säcke, beschnüffeln sie nach Eßbarem.

Nur in den Cafés am Damaskustor herrscht noch Betrieb. Hier sitzen Touristen bei Bier oder arabischem Kaffee. Am Busbahnhof erwischt Hassan nur noch ein Sammeltaxi zu einem der Nachbardörfer. Ein paar Kilometer muß er zu Fuß laufen. Es ist stockfinster, als er ins Dorf kommt. Aus den Häusern dringt das Geschrei von Kindern, das Geklapper von Geschirr, die arabischen Nachrichten aus den Fernsehern. Die Familie sitzt bereits am Abendbrottisch. Vater blickt kurz auf.

»Wo warst du, es ist schon spät, und es geht schon lange kein Bus mehr.«

»Ich war in El Kuds, habe mit einem Schulfreund gearbeitet«, lügt Hassan.

»Mit welchem Schulfreund hast du denn gearbeitet, heißt er vielleicht Jossi?« fragt ihn die Schwester herausfordernd. Hassan schweigt.

»Hassan, du weißt doch, daß es nicht gut für uns ist, wenn du dich mit Juden anfreundest. Man könnte dich sehen, und die Leute glauben am Ende, wir sind Spitzel für die Israelis. Du bringst uns in Gefahr. Glaub mir.«

»Aber Vater, der Jossi ist nicht wie die übrigen Israelis, und auch nicht seine Eltern. Die haben 'ne Menge arabischer Freunde, und die sagen auch, daß man mit uns zusammenleben muß und so.«

»Junge, das kannst du nicht beurteilen, dazu bist du zu jung.«

»Aber Vater, der Jossi ist mein Freund, und ich bin sein Freund, und wir werden uns beistehen, was immer auch geschieht«, sagt er trotzig, und dabei blickt er den Vater ganz fest an.

Alle schweigen.

Dann sagt Mutter: »Ich will davon nichts mehr hören. Du wirst deinem Vater gehorchen.«

Nach dem Essen winkt ihm Nader zu, ein Zeichen, daß er mit ihm reden will. Hassan folgt seinem Bruder nach draußen.

Sie gehen ein Stück schweigsam die Straße entlang und setzen sich dann auf eine Mauer bei der Franziskaner-Kirche.

»Hassan«, sagt Nader ernst, »du bist auf dem Wege, ein Mann zu werden. Unser Volk braucht Männer, die mutig sind, die sich nicht vor israelischen Gewehren fürchten. Würdest du einen Stein auf israelische Patrouillen werfen, wenn sie provozierend durch unser Dorf fahren?«

»Wozu, wenn die mir nichts tun?«

»Du hast nichts kapiert. Ich glaube, ich habe einen elenden Feigling zum Bruder«, und Nader schleudert wütend seine Zigarette auf die Straße.

»Verstehst du denn nicht, die machen uns das Leben schwer, also müssen wir ihnen auch das Leben schwermachen, sie reizen, sie herausfordern. Sie sind unsere Feinde, sie haben uns das Land genommen, sie haben uns gedemütigt, sie haben uns in die Knie gezwungen, um unseren Stolz zu brechen.«

Hassan ist verwirrt. Wie soll er reagieren, um den Bruder nicht zu enttäuschen, um den Freund nicht zu verraten? Was soll er denn sagen? Er starrt auf den Boden, bohrt mit seinem Schuh ein Loch in die Erde.

Das Thema Juden wird die Woche über nicht mehr erwähnt. Am Freitag früh fährt Hassan mit Mutter und Nader wie gewöhnlich nach El Kuds. Nader klagt, daß die Geschäfte so schlecht laufen. »Man müßte jemanden zum Ölberg schicken, ein paar Rosenkränze und Kamele zu verkaufen. Das ist der einzige Platz, wo Touristen für eine Weile stehenbleiben, wo man an sie herankommt. Hier in der Altstadt scheuchen sie die Guides durch die Gassen, damit sie ja nichts bei den Arabern kaufen.«

»Nader«, sagt Hassan, »ich habe eine Idee, morgen früh brauche ich nicht zur Schule, wir haben eine Feier, da kann ich schwänzen. Morgen früh gehe ich für dich Rosenkränze auf dem Ölberg verkaufen«, sagt er entschlossen.

»Würdest du das wirklich für mich tun? Das wäre sehr nett von dir, Hassan.«

Hassan ist richtig froh, daß er Nader einen Gefallen tun kann. Es ist ihm wichtig, in der Achtung des Bruders wieder zu steigen. Allerdings verschweigt er ihm, daß er vorhat, mit Jossi auf den Ölberg zu gehen, denn alleine macht es keinen Spaß.

Als Jossi um drei zum Damaskustor kommt, eröffnet Hassan ihm gleich seinen Plan für den nächsten Morgen.

»Okay«, sagt Jossi, »mach' ich mit, ich glaube nicht, daß meine Eltern was dagegen haben werden. Aber jetzt muß ich gleich wieder zurück, wir sind heute abend bei Großvater Shmuel eingeladen, ich muß zeitig zu Hause sein. Mutter hat mir aufgetragen, aus dem Shouk Gewürze mitzubringen und arabischen Kaffee.« Hassan führt Jossi zu einem Gewürzhändler, und dann besorgt Jossi noch in einem Bäckerladen ein paar Sesamkringel und macht sich wieder auf den Heimweg.

»Finde ich prima von dir, Jossi, daß du mitmachen willst, du wirst sehen, es bereitet sicher unheimlich Spaß. Meinst du, du kannst schon um acht am Damaskustor sein?«

»Ich will's versuchen«, sagt Jossi und verschwindet oben auf der Straße.

Zu Hause erzählt Jossi von seinem Plan. Mutter findet es unmöglich. »Ein Jude, der mit einem Moslem Rosenkränze an Christen verkauft, nein wirklich, die Idee finde ich nicht besonders gut. Außerdem, wenn dich nun jemand sieht.«

Vater lacht: »Laß den Jungen doch Erfahrungen sammeln. Aber vergiß nicht, dir Prozente geben zu lassen.«

Mutter ist schockiert. »Bei dieser seltsamen Freundschaft kommt nichts Vernünftiges heraus«, sie schüttelt den Kopf.

Aber Vater sieht die Sache ganz positiv: »Ich finde es gut, daß sich Jossi mit einem Araber angefreundet hat. Scheint ein intelligenter Bursche zu sein; wir sollten ihn mal zu uns nach Hause einladen.«

»Wenn du meinst«, sagt Mutter, und es klingt etwas resigniert.

4

Jossi ist völlig außer Atem, als er am Damaskustor ankommt. Hassan steht schon da, zwei Tüten in der Hand, vollgepackt mit Rosenkränzen und Kamelen, aus Olivenholz geschnitzt.

»Prima, daß es geklappt hat. Was sagen deine Eltern?«

»Na ja, Vater findet es nicht schlecht, und ich soll mir Prozente geben lassen. Mutter findet es 'ne Schnapsidee. Ein Jude und Rosenkränze.«

Sie gehen in Richtung Via Dolorosa, biegen beim Österreichischen Hospitz links um die Ecke, runter zum Löwentor, dann geht es bergab, Richtung Getsemani-Garten, am Fuße des Ölbergs. Hier, wo tagsüber ein Bus nach dem anderen anrollt und Pilgergruppe um Pilgergruppe auslädt, herrscht noch friedliche Stille. Die Tore, hinter denen der Garten liegt mit seinen uralten Olivenbäumen und die Kirche, die an die Todesangst Jesu erinnert, denn hier wurde er verraten, sind noch verschlossen.

Hassan und Jossi gehen den steilen schmalen Weg zum Ölberg hinauf, vorbei an unzähligen jüdischen Grabstätten. Vor dem Tor zur russischen Maria-Magdalenen-Kirche mit ihren vielen goldenen Zwiebeltürmen steht ein Junge. Auch er hat Rosenkränze über den Arm gehängt und wartet auf die ersten Touristen. Hassan mustert ihn mit abschätzendem Blick. »Keine Konkurrenz, so wie der dasteht, wird er nicht viele Geschäfte machen.« Jossi wird etwas unsicher. ›Wer weiß, wie ich mich anstellen werde‹, denkt er ängstlich und hat Herzklopfen.

Sie kommen an einem anderen Garten vorbei. Durch das Tor geht gerade eine Pilgergruppe. Der Pfarrer, der der Gruppe vorausgeht, deutet auf die kleine Kapelle im Garten und verkündet mit lauter Stimme: »Hier ist der Ort, an dem Jesus über Jerusalem weinte und klagte.« Ein Pilger verteilt Blätter an die anderen Pilger, und der Pfarrer stimmt ein Lied an. Mit lauter Stimme singen die Pilger mit, und ihre Augen leuchten dabei.

»Sicher glauben sie, daß sie an einem ganz besonderen Ort stehen«, sagt Jossi. Aber Hassan, in Gedanken bereits bei den Pilgerbussen oben auf dem Ölberg, zieht den Freund ungeduldig weiter. Oben setzen sie sich auf die kleine Mauer am Aussichtsplatz vor dem Hotel »Intercontinental«. Noch kein Bus in Sicht. Ein Araber kommt mit einem Kamel angetrottet.

»Konkurrenz«, sagt Hassan und wirft den beiden einen mißtrauischen Blick zu. »Der überredet die Leute, auf sein Kamel zu steigen, für Geld natürlich. Und dann lassen sich die Touristen fotografieren und schauen stolz von dem Kamel herab. Manchmal ist der Mann mit drauf, dann verlangt er mehr Geld, von wegen Folklore und so.«

»Moment mal, was kostet denn ein Kamel, unseres natürlich.«

»Fang bei fünf Schekel an, und geh runter bis zwei, mußt du abschätzen.«

»Zwei ist aber billig«, sagt Jossi kopfschüttelnd.

»Du mußt rausfinden, woher die Leute sind. Wenn sie aus Deutschland kommen, verlangst du fünf Mark, und du gehst eventuell runter auf zwei Mark. Bei Amerikanern verlange vier Dollar.«

Jossi wollte noch fragen, woran man erkennt, woher die Leute kommen, wo er doch die Sprachen nicht kennt. Aber schon rollt der erste Bus an.

»Deutsche«, stellt Hassan fest. Er ist schließlich erfahren im »Touristenerkennen«.

»So, Herrschaften, wir sind hier an einem Platz, wo wir ganz Jersusalem überblicken!« schreit der Reiseführer. »Kommt bitte her, ich werde euch alles erklären, hierher bitte.«

»Sie wollen Rosenkranz kaufen, ganz billig, fünf Mark«, bettelt Hassan.

»Hau ab«, zischt ihm der Guide zu. Hassan jedoch läßt sich nicht abwimmeln. »Bitte, Rosenkranz wunderschön, echt aus Olivenholz, echt Getsemani«, lügt er.

»Na, Junge, wat haste gesagt, kostet dein Rosenkranz?«

»Vier Mark.«

»Nee, Junge, nich mehr als 'ne Mark.«

»Zwei Mark, bitte, echt Getsemani.«

»Mutter, komm mal, wir ham noch nischt für Tante Else, laß uns mal 'nen Rosenkranz mitnehmen, wat meinst de?«

»Hier, Junge, haste zwei Mark.«

»Danke«, sagt Hassan artig, und er geht zum nächsten Kunden über.

»Rosenkranz für Tante Else?« fragt er mit unschuldigem Augenaufschlag. Schließlich wird er vier Rosenkränze los.

Die ganze Zeit über stand Jossi, wie angewurzelt mit seinen Kamelen da. Deutsch kann er nicht, außerdem hat es ihm die Sprache verschlagen, wie Hassan Geschäfte macht.

»Na, Junge, was kosten deine Kamele?«

Jossi versteht nur Kamel. »Beautiful camel«, sagt er, »five Mark.« Er hat keine Ahnung, wieviel fünf Mark sind.

»Nee, Junge, bei fünf Mark wirste heute abend noch auf deine Kamele hocken«, sagt der Tourist und geht weiter.

»Three Mark«, ruft ihm Jossi hinterher, und er ist ganz aufgeregt, als der Mann ihm fünf Mark gibt und sich dafür zwei Kamele nimmt.

»Okay?« fragt der Tourist.

»Okay«, antwortet Jossi glücklich. Sein erstes Geschäft.

»Kommt bitte hier herüber, Herrschaften, ich will jetzt endlich mit meinen Erklärungen anfangen. Wir haben noch einen langen Tag vor uns!« ruft der Reiseleiter ungeduldig.

Ein zweiter Bus hält.

»Franzosen«, sagt Hassan, als sie aussteigen.

›Mist‹, denkt Jossi, auch Französisch kann er nicht. Wo bleiben denn bloß die Amerikaner?

Hassan ist wieder in seinem Element. Charme versprühend und im schönsten Französisch, schließlich geht er bei französischen Brüdern auf die Schule, bietet er den Touristen seine Rosenkränze an. Er wird sie fast alle los.

Jossi ist diesmal auf seinen Kamelen sitzengeblieben.

»Du mußt ran an die Leute«, sagt Hassan.

»Und was soll ich sagen, wo ich doch kein Französisch kann.«

»Das ist natürlich ein Problem«, muß Hassan zugeben. »So ein paar Wörter sollte man schon in jeder Sprache parat haben.«

»Aber woher willst du denn wissen, ob es Franzosen,

Holländer oder Deutsche sind. Ich könnte die nie auseinanderhalten«, sagte Jossi geknickt. Er hatte sich das alles viel lustiger vorgestellt.

»Du bekommst mit der Zeit 'nen Riecher für Touristen«, meint Hassan ganz professionell.

Dann hält ein Bus mit den Amerikanern, auf die sich Jossi stürzt. Er wird fast alle seine Kamele los. Hassan dagegen bleibt auf seinem Rest von Rosenkränzen sitzen.

»Das gelingt selbst dir nicht, Juden Rosenkränze zu verkaufen«, sagt Jossi und grinst, »hab' ich sofort gesehen, daß das amerikanische Juden sind, von wegen Kippa (Käppchen) und Davidsternkettchen.«

Jossi hat dann keine Lust mehr, Kamele zu verkaufen.

»Ich hab' 'ne prima Idee«, ruft er plötzlich aus. »Wir müßten ein echtes Kamel haben oder einen Esel und damit die Leute durch die Altstadt reiten lassen.«

Hassan ist skeptisch. »Mit 'nem Kamel durch die Altstadt, ich weiß nicht, ich hab' noch nie eins in der Altstadt gesehen. Aber ein Esel, das ließe sich eventuell machen. Früher ritten die Christen irgendwann im Frühling in ihrer Osterwoche, mit 'nem Esel durch die Via Dolorosa, so hab' ich mal gehört. Ihr Prophet Jesus soll mal mit 'nem Esel in Jerusalem eingezogen sein. Seine Anhänger wedelten mit Palmzweigen und sangen Halleluja. Heute ist das nur noch 'ne Palmwedel-Prozession.«

»Wo nehmen wir den Esel her?« fragt ihn Jossi.

»Laß mich nur machen«, sagt Hassan, »ist für mich kein Problem, wir borgen uns einen. Wir bringen ihn dann anschließend wieder zurück.«

»Ehrensache«, sagt Jossi und ist gespannt, wo Hassan den Esel hernehmen will.

Es ist wirklich gar nicht so einfach, einen Esel zu borgen. Diejenigen, die ihnen über den Weg laufen, haben alle einen Herrn. Schließlich finden sie einen im Kidrontal. Er ist an einen Baum gebunden und grast friedlich. Jossi redet dem Esel gut zu und füttert ihn mit Zuckerstükken, die sie oben auf dem Ölberg in einem Café organsiert hatten. Hassan bindet den Esel los. Und der Esel, der nicht ahnt, welch sonderbare Aufgabe ihm da bevorsteht, trabt willig mit den beiden Buben hoch zur Straße. Oben angekommen, setzt sich Hassan auf den Esel. Er habe schließlich die größere Erfahrung im Umgang mit Eseln. Am Löwentor steigt Hassan ab.

»Wo nimmst du jetzt die Touristen her?« fragt Jossi.

»Nur Geduld, die kommen schon.«

Während sie mit dem Esel warten, geht ein alter Mann vorbei, fragt, warum sie mit dem Esel so rumstehen, ob sie ihn etwa verkaufen wollen. Er läuft um den Esel herum, schaut ihm ins Maul und meint: »Ganz in Ordnung, wenn auch nicht mehr der Jüngste, was wollt ihr denn für euren Esel haben?«

»Wir verkaufen unseren Esel nicht«, sagt Hassan, und der Alte zieht mürrisch weiter.

»Der Palmwedel«, ruft Jossi aufgeregt. »Wir haben den Palmwedel vergessen.«

»Da oben ist ein Friedhof«, sagt Hassan, »da liegen immer Palmwedel rum.«

Jossi kehrt mit einem Wedel zurück, der nicht eben repräsentativ ist.

»Er muß reichen«, sagt er, »es gibt heute keine Auswahl.«

Da nähert sich auch schon der erste Bus. Die beiden schauen aufgeregt zur Tür. Japaner steigen aus dem Bus. So jedenfalls glaubt Hassan. »Könnten aber auch Koreaner sein oder vielleicht Chinesen?«

»Meinst du, daß man mit Japanern, Koreanern oder Chinesen so was machen kann?« fragt Jossi, etwas unsicher geworden.

Hassan jedoch ist längst in Aktion. »Halleluja«, wedelt er mit dem Palmzweig und deutet auf den Esel.

»Das einzigartige Erlebnis in Jerusalem«, brüllt er auf englisch, »mit dem Esel über die Via Dolorosa reiten!«

»Halleluja«, antworten die Japaner im Chor und glauben, daß alles für sie arrangiert wurde, und nicken ihrem Guide anerkennend zu. Der erklärt etwas auf japanisch, und schon sitzt der erste Japaner auf dem Esel, während die anderen ihre Fotoapparate zücken.

»Halleluja«, Jossi wedelt aus Leibeskräften, und Hassan führt den Esel. Der scheint zu spüren, daß er zu einer besonderen Mission auserkoren wurde. Stolz trabt er die Gasse entlang, ebenso stolze Touristen auf seinem Rükken durch die heilige Straße befördernd.

Alle paar Meter wechselt der Reiter, und dann hält Jossi die Hand auf. Hassan braucht beide Hände zum Lenken des Esels. Sie kommen zum engen Teil der Via Dolorosa, da wo die Straße treppauf führt. Jerusalems Esel sind Treppensteigen gewöhnt. Dieser hier ist ein bewundernswert begabter Prozessions-Esel. Die Gruppe nähert sich dem Laden von Nader. Hassan will schnell hinter den

Japanern in Deckung gehen, aber schon hat ihn der Bruder entdeckt, packt ihn unsanft am Arm, daß der Esel mit einem Ruck stehenbleibt.

»Was soll der Blödsinn, wo hast du den Esel her? Macht euch doch nicht lächerlich mit eurer albernen Prozession. Hört auf«, zischt er ihnen zu.

»Ich kann nicht, die wollen zur Grabeskirche, ich habe einen Vertrag, laß mich los!« Hassan reißt sich frei. In der Zwischenzeit, und um den peinlichen Zwischenfall zu überbrücken, hat Jossi die sechste Station ausgerufen. Gut denkt er, daß überall die Kreuzwegstationen angeschrieben sind.

Mit lautem Hurrrra treibt Hassan den Esel weiter. Sie biegen nun in die enge Basargasse ein. Hier herrscht an diesem Tag reger Eselsverkehr, nur tragen die anderen Esel Futtersäcke auf dem Rücken. Verwundert schauen die Händler auf Jossi, Hassan, den Esel und die Japaner. »Ist denn schon wieder christliches Ostern?« fragt einer.

»Verrückte Welt«, sagt ein anderer. »Was es alles gibt in Jerusalem«, rufen entzückt die Touristen aus.

Bis zu dem kleinen Tor, das zum Hof der Grabeskirche führt, begleiten Jossi und Hassan die Japaner. Der letzte Pilger steigt vom Esel. Der Guide bedankt sich höflich. Seine Gruppe ist zufrieden, also ist auch er zufrieden.

»Und jetzt«, fragt Jossi, »was machen wir jetzt?«

»Jetzt bringen wir den Esel zurück. Aber vorher liefern wir bei Nader das Geld ab.« Sie teilen sich die Einnahmen aus dem Eselsgeschäft.

»Mann, zwölf Schekel und fünfzig Agorot.« Jossi pfeift durch die Zähne. »Das machen wir öfter.«

Als sie Naders Laden erreichen, gibt ihm Hassan das Geld, das sie für die Rosenkränze und Kamele eingenommen haben.

»Nicht schlecht«, sagt Nader, als er den Berg Kleingeld überfliegt. »Ihr seid bei mir eingestellt.«

»Wir kommen nachher noch bei dir vorbei und holen uns unseren Lohn ab!« ruft ihm Hassan zu, und dann sind sie schon unten und verschwinden mit dem Esel um die nächste Ecke. Unten im Kidrontal hastet ihnen ein aufgeregter Junge entgegen, der seinen Esel erkannt hat.

»Hier, wir bringen dir deinen Esel zurück, nächstes Mal paß besser auf. Du kannst froh sein, daß wir so gute Eselsfänger sind«, lügt Hassan schamlos.

Der Junge schlägt wütend mit dem Stock auf das Hinterteil des armen Esels, dieser macht einen Satz und stürmt davon. Der Junge rennt fluchend hinterher.

»Schnell weg!« ruft Hassan. Sie rennen den Berg hoch zur Straße.

»Und was machen wir jetzt?« fragt Jossi voller Tatendrang.

»Jetzt gehen wir bei Nader vorbei. Er muß uns zum Essen einladen. Ich habe einen Mordshunger.«

Nader betont immer wieder, was für gute Geschäftsleute sie seien. Aus ihnen könnte noch einmal etwas werden.

Aber Jossi glaubt nicht, daß er der geborene Händler ist. Hassan, der könne das viel besser.

»Nun, sei nicht so bescheiden, das mit dem Esel war schließlich deine Idee, war doch gut, oder?« Und er schaut fragend den Bruder an.

»Na ja«, meint Nader. »Hauptsache, ihr habt euch nicht erwischen lassen. Aber Moment mal, fast hätte ich es vergessen.« Er verschwindet für einen Moment, und als er zurückkommt, hat er eine große Schüssel Felafel, Humus und Tejina in der Hand.

»Hier – von Abu Shukri«, sagt er. Und stellt ihnen die Schüssel hin.

»Abu Shukri!« rufen beide wie aus einem Munde. »Fast hätten wir Abu Shukri vergessen.«

»Hm, das schmeckt ja wirklich ganz toll, du hast recht, Hassan. Abu Shukri ist Spitze.«

»Sag' ich doch.«

Nach dem Essen fragt sie Nader doch tatsächlich, ob sie mal an seiner Wasserpfeife ziehen wollen. Schließlich seien sie schon dreizehn.

Jossi will mal probieren. Er nimmt einen tiefen Zug, verschluckt sich und muß furchtbar husten, bis er einen ganz roten Kopf hat.

»Üben mußt du, aber du wirst es schon lernen, du bist ja noch jung«, neckt ihn Hassan, und dann verschluckt er sich selbst, und beide müssen nach Luft ringen und klopfen sich gegenseitig auf den Rücken, bis sie ganz außer Atem sind.

5

»Und was fangen wir jetzt an, ich hab' noch keine Lust, nach Hause zu gehen«, sagt Jossi.

»Sollen wir Sheshbesh spielen?«

»Eigentlich möchte ich lieber noch was unternehmen. Ich hab' 'ne Idee, wo wir hingehen können. Ich wette, da warst du noch nie.«

»Ist es irgendwo in der Altstadt?«

»Hm«, Jossi nickt.

»Weit von hier?«

Jossi schüttelt den Kopf. Hassan kann sich beim besten Willen nicht vorstellen, was es in der Nähe geben könnte, wo er noch nicht war.

»Die Grabeskirche«, sagt Jossi. »Wir waren in eurer Moschee, an unserer Mauer, jetzt fehlt uns noch das Christen-Heiligtum. Das ist ein unheimlich verwirrender Platz, und stell dir vor, auf dem Dach gibt es sogar ein richtiges kleines Dorf.«

»Na, da bin ich aber gespannt«, sagt Hassan. Sie verabschieden sich von Nader, und Hassan sagt ihm, daß er heute bei ihm übernachten will, die Eltern wüßten Bescheid.

»Geht in Ordnung«, sagt Nader, »aber paßt auf, daß man euch in der Grabeskirche nicht einschließt.«

»Bestimmt nicht, die werden uns rechtzeitig rausschmeißen, keine Sorge!« ruft ihm Hassan noch zu, und dann sind sie schon an der obersten Stufe der Via Dolorosa und biegen um die Ecke, in Richtung Grabeskirche.

Sie gehen eine Treppe hinauf und kommen zu einem kleinen grünen Tor, das offensteht. Um eine der Kuppeln der Grabeskirche herum haben die Äthiopier ihr kleines Gebetsreich. Sie leben hier in winzigen Hütten mit niedrigen grünen Holztüren und grünen Fensterläden. Einige der dunkelhäutigen Mönche sitzen im Schatten der grünen Pfefferbäume, ins Gebet versunken. Ein älterer Mönch mit grau gekräuseltem Bart und von der Sonne gegerbtem faltigem Gesicht nickt ihnen freundlich zu.

»Der kennt mich«, flüstert Jossi dem Freund zu. »Ich war schon öfter mit meinem Vater hier. Einmal in der Osternacht. Dann tragen alle Mönche schneeweiße Gewänder, und sie tanzen zum Klang der Trommel wie in Afrika.«

Sie durchqueren zwei schmale düstere Kapellen, in denen es nach Weihrauch duftet. Über eine enge Treppe gelangen sie wieder zu einem Ausgang und stehen mitten auf dem quadratischen Vorhof zur Grabeskirche. Den Hof umgeben die Klöster der Armenier und Griechen und das griechische Patriarchat. Eine Touristengruppe, geführt von einem israelischen Guide, überquert den Vorhof.

»Amerikaner, schade, daß wir jetzt keine Rosenkränze haben«, flüstert Hassan. »Drei Dollar mal 15 Touristen, das wären 45 Dollar«, rechnet er.

»Kannst du nicht mal an was anderes denken als an Rosenkränze und Kamele?« fragt Jossi kopfschüttelnd. Doch Hassan hört ihn nicht mehr. Er läuft den Pilgern in die Grabeskirche nach. Jossi folgt ihm. Die Gruppe steigt die steilen Stufen zur Golgotakapelle hinauf. Dort, wo zur Zeit Jesu die Kreuzigungsstätte, der Kalvarienberg, war, beten heute die gläubigen Christen vor prächtigen Altären, die durch den Schein von unzähligen Kerzen eine feierliche Beleuchtung erhalten.

»Da ist die Stelle, wo einmal das Kreuz stand«, der Fremdenführer deutet auf ein Loch unterhalb eines Altars. Davor liegt ausgestreckt ein griechischer Mönch.

Jossi und Hassan folgen der Gruppe die steile Treppe wieder hinunter in das riesige, durch Kreuzgänge, große und kleine Kapellen, durch Grotten und Gräber verwirrende christliche Heiligtum.

Neben der Treppe ist wieder eine Kapelle. Man nennt sie Adamskapelle.

»Hier sehen Sie den Golgota-Felsen«, sagt der Fremdenführer und deutet auf ein Stück Felsen hinter einer Glasscheibe. »Der Felsen ist gespalten, wahrscheinlich durch ein Erdbeben. Nach einer alten Legende befindet sich dort unten das Grab Adams, des ersten Menschen; als bei der Kreuzigung Jesu sein Blut in den Felsen sickerte, tropfte es auf Adams Schädel und erlöste so die Menschheit.«

Aus irgendeiner Ecke der Grabeskirche ertönt das dünne Bimmeln einer Glocke und kündigt einen Gottesdienst an. Der Fremdenführer steht jetzt mit seiner Gruppe vor einem länglichen flachen Stein. »Hier soll es sich um den Salbungsstein handeln, auf dem der Leichnam Jesu einbalsamiert wurde.« Zwei Nonnen tropfen duftendes Öl auf den Stein. Eine alte Araberin streut Blüten darauf, kniet nieder und küßt den Stein. Eine lange Schlange von Pilgern steht vor der runden Kapelle, in der sich nach christlicher Tradition das Grab Jesu befindet.

Einer nach dem anderen geht in gebeugter Haltung durch die schmale niedrige Öffnung. Auf der Rückseite der Grabkapelle haben die Kopten, die christlichen Nachkommen der alten Ägypter, einen winzigen Altarraum. Auf dem Boden hockt ein alter Mönch. Er lockt die beiden Jungen zu sich, zündet eine dünne Kerze an und drückt sie Hassan in die Hand, dann führt er seine Hand an ein Stück Rückwand vom Grab. Die Augen des Mönches leuchten dabei, als eröffne er ihnen das wunderbarste Geheimnis. Plötzlich dringt das mächtige Brausen einer Orgel durch die weiten Gewölbe der Grabeskirche. Der alte koptische Mönch verzieht schmerzvoll das Gesicht. Hassan und Jossi gehen rasch weiter.

Vor der Kapelle begegnen sie einem Klassenkameraden von Hassan, einem Griechen.

»Was machst du denn hier?« fragt er. »Soweit ich weiß, bist du Moslem, Hassan.«

»Wir wollten mal den heiligen Platz der Christen sehen, mein Freund und ich.«

»Dein Freund, was ist der, ist der auch Moslem?«

»Ach, der ist gar nichts.«

»Gar nichts gibt es nicht, irgend etwas muß er sein.«

Dann schluckt wieder das mächtige Brausen der Orgel jedes gesprochene Wort.

»Sag mal, wem gehört diese mächtige Orgel«, lenkt Jossi von der Frage nach seiner Religionszugehörigkeit ab.

»Das ist die Orgel der Lateiner«, und Dimitri schickt einen mißbilligenden Blick hinüber zu den Franziskanern. »Die geben an, als seien sie die Herren der Grabeskirche, dabei sind wir Griechen viel länger hier.«

»Und was machst du hier, Dimitri?«

»Ich bin Ministrant. Heute nacht haben wir einen feierlichen Gottesdienst, dann kommen die russischen Nonnen vom Ölberg und singen. Das ist das Schönste, was du in Jerusalem erleben kannst.«

»Mit meinem Vater war ich öfter hier, der ist Archäologe. Wir waren mal unten bei den Zisternen, das ist ein richtig großer Teich, da unter der Kirche, aber das kennst du sicher alles, Dimitri.«

»Natürlich«, sagt der Grieche. »Aber da, wo ich euch jetzt hinführe, da wart ihr garantiert noch nie.«

Sie gehen wieder die steilen Stufen zum Golgotafelsen hoch, durch die Kapelle und kommen zu einer kleinen Tür. Dimitri stößt die Tür auf. Drinnen ist ein dunkler, fensterloser Raum. Sie erkennen eine Wendeltreppe.

»Pst«, flüstert Dimitri, »versucht leise zu sein, es soll uns niemand hören. Meine Leute mögen nicht, wenn ich Fremde hier reinbringe. Aber schließlich bist du mein Klassenkamerad.«

An einer Tür, an der sie vorbeikommen, ist ein Namensschild.

»Wohnen denn hier Leute?«

»Ja, ein Onkel von mir.«

Oben angelangt, öffnet Dimitri vorsichtig die Tür zu einer großen Terrasse. Er steckt den Kopf raus, schaut, ob die Luft rein ist, und winkt ihnen dann zu, ihm zu folgen.

Als sie draußen stehen, fühlen sie sich im ersten Moment geblendet nach der Dunkelheit der Grabeskirche.

»Mann, ich wußte gar nicht, daß die Grabeskirche so

viele Dächer hat«, sagt Jossi. »Wer läuft denn dort drüben auf dem Dach herum?«

»Das ist der Patriarch auf dem Dach des griechischen Patriarchats«, sagt Dimitri und tut furchtbar wichtig.

»Dimitri!«

Eine Frau schaut aus der Tür des Hauses, auf dem Dach der Griechen. Sie ruft Dimitri etwas in Griechisch zu.

Dimitri verabschiedet sich. »Ich muß euch leider verlassen. Vergeßt nicht, rechtzeitig runter zu gehen, sonst werdet ihr eingeschlossen.«

Es dämmert langsam, und die Kugeldächer der Altstadt werfen lange Schatten. Der Patriarch auf dem gegenüberliegenden Dach läuft immer noch auf und ab. Aus weit entfernten Fenstern klingt Radiomusik und das Geschrei von Kindern. Katzen streichen um den Fernsehantennenwald der Dächer.

Unten auf dem Hof der Grabeskirche stehen zwei Polizisten. Einer spricht gerade in sein Funkgerät. Der andere wendet sich an den armenischen Mönch, der neben dem Eingang steht. Dann gehen beide in die Kirche hinein.

»Jossi, schau, zwei Sterne am Himmel, euer Sabbat geht zu Ende.«

Jossi aber sieht nicht zum Himmel. Er schaut nach unten. Die Polizisten kommen wieder heraus, mit ihnen eine Gruppe von Pilgern. Eine Seite des Tores wird geschlossen. Nach einer Weile tritt zu dem armenischen Mönch ein griechischer. Sie wechseln ein paar Worte, dann wird die andere Hälfte des Tores geschlossen. Im großen Tor geht dann ein kleines Türchen auf, und eine Leiter wird nach draußen geschoben. Ein Araber greift nach der Leiter, steigt hinauf und schließt den oberen Riegel des Tores. Er steigt wieder hinunter und schiebt die Leiter durch das Türchen zurück. Das wird nun von drinnen geräuschvoll mit einem Riegel verschlossen.

»Rummmmms!«

Hassan und Jossi, die von oben dem Schließen des Tores zugeschaut haben, bekommen plötzlich einen mächtigen Schrecken.

»Wir sind eingesperrt!« ruft Hassan entsetzt. »Was machen wir jetzt?« Er läuft zur Tür, hinter der Dimitri verschwunden ist. Geschlossen. Auch auf sein Klopfen wird nicht geöffnet. .

Jossi findet als erster die Fassung wieder.

»Wir werden schon wieder rauskommen, irgendwo wird es eine Türe geben«, tröstet er den Freund, der einer Panik nahe ist.

»Wir können doch nicht hier bei den Christen übernachten. Ich will nach Hause, ich will hier raus.«

»Nur keine Panik. Laß mich überlegen. Wir gehen jetzt zu den Franziskanern, die kennen meinen Vater. Sie sollen ihn anrufen, dann holt er uns ab. Mach dir keine Sorgen.«

Sie gehen die schmale Wendeltreppe wieder hinunter. Gott sei Dank ist die Tür, durch die sie Dimitri geführt hatte, noch offen. Sie gehen wieder durch die Golgota-Kapelle. Keine Menschenseele. Unten in der Kirche nimmt Jossi Hassan bei der Hand. Auf Zehenspitzen schleichen sie um das Katholikon, die Hauptkirche der Griechen, durch hohe Wände zu einem eigenen Gebetsraum innerhalb der Grabeskirche gestaltet. Sie kommen vorbei an den nach unten führenden Stufen zur St.-Helena-Kapelle der Armenier und zu den unterirdischen Zisternen. Kurz vor der Kapelle der Franziskaner ist auf der rechten Seite eine Glastür. Das Rauschen eines offenen Wasserhahns dringt heraus. Aus der Tür tritt ein Mönch mit einem Eimer Wasser in der Hand und geht mit schlurfenden Schritten in Richtung Grabkammer.

Vor einer höhlenartigen Altarnische, die man das Gefängnis Jesu nennt, hockt eine rotgescheckte Katze.

»Richtig fromm schaut sie aus«, bemerkt Hassan.

Doch dann macht die Katze plötzlich einen Satz und hat eine Maus im Maul.

Vor der Grabkapelle steht ein kleiner buckliger Mönch auf einer langen Leiter und gießt mit einem Kännchen Öl in eine Reihe von Lämpchen, die vor dem Eingang zum Grab hängen.

Auf dem Gebiet der Franziskaner rührt sich nichts.

»Die sind sicher beim Essen. Ich zeig' dir, wo die wohnen.«

Jossi führt Hassan durch einen Gang, und plötzlich stehen sie wieder im Freien. Es ist ein schmaler Hof, umgeben von den Gebäuden der Franziskaner. Von weitem ertönt der Ruf des Muezzins. Hassan überlegt, ob er jetzt beten soll, aber dann weiß er nicht, in welcher Richtung Mekka liegt. Alles ist so schrecklich verwirrend. Den Ruf des Muezzins übertönen die lauten Tischgespräche der Franziskaner, die aus dem geöffneten Fenster dringen. Dann erscheint plötzlich ein Kopf an dem Fenster.

»Mama mia, due bambini!« ruft der Kopf erschrocken

aus. Daraufhin erscheint noch ein Kopf und noch ein Kopf . . . Fünf Franziskanerköpfe blicken streng zu ihnen herunter und verschwinden wieder.

»Was sollen wir jetzt tun?« ruft Hassan ängstlich.

»Warte ab, da wird gleich jemand kommen, dann erklär' ich die Situation.«

Tatsächlich erscheint ein junger Pater. Er fuchtelt aufgeregt mit den Händen herum.

»Wißt ihr denn nicht, daß die Grabeskirche nachts geschlossen wird, und überhaupt, was treibt ihr hier?« Er holt Luft. Vor lauter Aufregung wirkt er ganz erschöpft; er wischt sich den Schweiß von der Stirn.

Jossi bleibt bewundernswert ruhig, und selbstbewußt erklärt er, wer er ist. Bei der Nennung seines Namens entspannt sich das Gesicht des Paters sichtlich.

Jossi erklärt dem Pater, daß Dimitri, der Neffe des Patriarchen, sie geführt hätte. »Die Zeit verging so schnell, Dimitri hat uns auf dem Dach gelassen. Er verschwand, und plötzlich war die Tür zu. Es tut uns schrecklich leid, daß Sie jetzt vielleicht unseretwegen Ärger bekommen, wirklich«, und Jossi macht ein ganz geknicktes Gesicht.

»Schon gut«, sagt der Pater, der sich als Padre Eusebio vorstellt. »Was fange ich jetzt bloß mit euch an? Heute ist Samstag, da wird die Kirche um halb zwölf wieder geöffnet, solange müßt ihr warten.«

»Bis halb zwölf«, Hassan bekommt einen furchtbaren Schreck.

Jossi überlegt kurz. Dann bittet er Pater Eusebio, seinen Vater zu benachrichtigen.

»Selbstverständlich, sag mir die Nummer.« Der Pater

wiederholt sie und verschwindet. Die beiden wollen hinterher, doch der Pater hält sie zurück: »Ihr dürft da nicht mit, wartet hier auf mich.«

»Sollen wir jetzt bis halb zwölf auf diesem ungemütlichen Hof hocken?« fragt Hassan mißmutig.

Von oben hören sie Tellergeklapper.

»Mann, hab' ich Hunger«, stöhnt Hassan und wirft einen sehnsüchtigen Blick hoch zu den Fenstern des Klosters.

Pater Eusebio kehrt zurück. Er hält zwei Sesamkringel in der Hand.

»Hier, ihr habt sicher Hunger. Dein Vater wird um halb zwölf hier sein.«

»Der hätte auch was draufschmieren können«, mault Hassan, als der Pater wieder weg ist.

»Mecker nicht, sei nicht so unbescheiden.«

»Außerdem habe ich Durst«, murrt Hassan.

»Jetzt hör endlich auf, mein Vater holt uns ab, du schläfst bei uns, und morgen bringt dich mein Vater zu deinem Bruder, okay?«

»Mann, das gibt Ärger, wie soll ich das bloß meinem Vater erklären, wo ich die Nacht verbracht habe?« stöhnt Hassan, und er stellt sich vor, wie sich die Familie aufführen wird.

Pater Eusebio kommt noch einmal zurück. Er führt sie zu den katholischen Beichtstühlen. »Hier bleibt ihr solange sitzen. Ich habe den Griechen und den Armeniern eure Anwesenheit erklärt.«

Jossi und Hassan entdecken bald, daß sie nicht die einzigen Besucher der Grabeskirche sind. In der Grabkapelle sitzen auf dem Boden zwei Frauen und ein weißgewandeter Pater. Er murmelt ein Gebet, die beiden Frauen antworten ihm. Sie sind so in ihre Andacht versunken, daß sie nicht bemerken, wie sie beobachtet werden.

Um zehn begeben sich Jossi und Hassan schon mal vorsichtshalber in Richtung Ausgang. Dort sitzt der armenische Mönch und nickt ihnen freundlich zu. Als sie dann so vor der Tür herumstehen, deutet er auf seine Uhr und sagt auf arabisch: »Ihr habt noch Zeit, schlaft noch ein wenig. Ich habe zwei Betten für euch.« Er zwinkert ihnen zu und führt sie auf die gegenüberliegende Seite, zur Adamskapelle. »Macht es euch bequem«, fordert sie der Mönch auf und zeigt auf zwei Bänke.

»Ihr sitzt auf den Sarkophagen der Könige von Jerusalem.«

Jossi und Hassan springen erschrocken auf.

»Nein, nein, bleibt ruhig sitzen. Sie sind leer, die Sarkophage. Außerdem haben die beiden Kreuzritter sicher nichts dagegen, daß ihre Sarkophage heute als Ruhebänke dienen – obgleich sie sich das zu Zeiten ihrer Macht über die Heilige Stadt nicht hätten träumen lassen. Allerdings war nur einer der Ritter König von Jerusalem. Gottfried von Bouillon wollte nicht König sein in der Stadt, in der Jesus ans Kreuz geschlagen wurde; er nannte sich Beschützer vom Heiligen Grab. Nur sein Bruder Balduin, der ließ sich gerne zum König krönen. Allerdings war sein Königreich von kurzer Dauer. Zudem waren wir Armenier längst vor den Kreuzrittern die Beschützer des Heiligen Grabes, und auch die Griechen. Jeder will hier der erste sein, doch oben dann, da sind wir alle gleich«, und er wirft einen demütigen Blick gen Himmel. Plötzlich dringt das leise Geklirre von Metall zu ihnen herüber. Der Mönch zuckt zusammen.

»Die Pflicht ruft, und hier darf ich nicht der letzte sein.« Er begibt sich zu einer Tür auf dem Terrain der Armenier. Er holt sein Gewand heraus, streift es sich über, dann holt er aus dem Schrank ein Weihrauchgefäß, das er mit Rauchwürfeln und Kohlestückchen füllt. Er zündet es an, die Würfel wollen jedoch nicht brennen. Der griechische Mönch zieht bereits laut betend mit kräftig rauchendem Gefäß durch die Kirche. Der Armenier will den Anschluß nicht verpassen und schwenkt heftig den Kessel, aus dem jedoch kein noch so winziges Rauchwölkchen strömt. Zuletzt tippelt der alte koptische Mönch den beiden hinterher, um seinerseits die heiligen Stätten zu beweihräuchern. Die beiden Frauen und der weißgewandete Pater haben sich inzwischen auch zum Ausgang begeben. Sie setzen sich wartend neben Jossi und Hassan. Dann ist es soweit. Eine Abordnung von Mönchen kommt zum Ausgang. Griechen und Armenier. Als letzter schlurft ein Franziskaner in Filzpantoffeln an. Sie tragen gemeinsam die Verantwortung, daß alles in der Grabeskirche mit rechten Dingen zugeht.

Der schwere Riegel des Tores wird zurückgeschoben, das kleine Türchen geöffnet, die Leiter durchgeschoben und wieder zurückgeschoben. Dann wird das Tor von drinnen geöffnet. Kaum ist es auf, strömt eine Gruppe russischer Nonnen in die Kirche. Draußen steht Vater, und Jossi wirft sich ihm erleichtert in die Arme. Pater Eusebio kommt, begrüßt den Vater. Der bedankt sich bei ihm und entschuldigt sich für die Unannehmlichkeiten, die die beiden Jungen verursacht haben.

Der Pater winkt ab, als sei die Sache längst vergessen.

Vater nimmt Jossi und Hassan bei der Hand, und mit schnellen Schritten gehen sie durch die verlassenen Altstadtgassen. Am Jaffator kommen sie an einer Militärpatrouille vorbei. Hassan zuckt zusammen. Jossis Vater jedoch drückt seine Hand ganz fest.

Zu Hause hat Mutter für Hassan schon das Bett gerichtet. Er schläft selbstverständlich in Jossis Zimmer.

»Ya Allah, war das ein Tag«, murmelt Hassan, bevor er einschläft – Rosenkränze, Kamele, der Esel, Pater Eusebio, Dimitri, der Armenier . . .

»Gut Nacht, Hassan, das mit dem Esel müssen wir unbedingt noch mal machen«, murmelt Jossi noch, bevor auch er einschläft.

6

Der nächste Tag ist Sonntag. Jossi muß in die Schule, Hassan hat frei.

»Du hast es gut«, murrt Jossi. »Ich hab' nur an jüdischen Feiertagen frei, du dagegen an christlichen und moslemischen. Das finde ich höchst ungerecht.«

»Du kannst ja Moslem werden oder Christ«, sagt Hassan. Aber das, findet Jossi, sei kein guter Vorschlag.

Vater mahnt zur Eile. Er muß Hassan noch am Jaffator abliefern.

»Du solltest deinem Bruder besser allein erklären, wo du die ganze Nacht verbracht hast«, rät er. Hassan nickt.

Nader jedoch reagiert kaum, als er ihm die Geschichte von der Grabeskirche erzählt, und daß er die Nacht bei Jossi verbracht hat.

»Ist dein Problem«, brummt er, »ich hab' zur Zeit andere Probleme.«

»Sag bitte den Eltern nichts«, bittet Hassan.

»Ist in Ordnung, aber nur, weil ihr beide so tüchtig wart. Nächsten Samstag schicke ich euch wieder auf den Ölberg.«

Am nächsten Wochenende haben die Jungen jedoch andere Pläne.

Jossis Familie plant einen Ausflug ins Kidrontal zur Gihonquelle und zu dem unterirdisch verlaufenden Wassertunnel. Hassan wurde eingeladen mitzukommen.

Sie treffen sich am sogenannten Misttor, das zur Klagemauer führt und gegenüber dem Dorf Silwan liegt. Zum Kidrontal geht es einen steilen Weg hinunter. Als sie unten vor dem Eingang des Wassertunnels ankommen, krempeln sich die beiden Erwachsenen die Jeans hoch. Jossi und die kleine Orli haben Shorts an. Hassan trägt eine lange Hose.

»Die Hose hochkrempeln hilft dir nicht«, sagt Vater, »die Quelle ist stellenweise so tief, daß du bestimmt bis zum Po im Wasser versinkst.«

»Also los, zieh deine Hose aus«, ruft Orli, »wir gucken nicht.«

Aber Hassan geniert sich, vor den Frauen in der Unterhose rumzulaufen, lieber wird er naß.

Dann steigen sie alle nacheinander die nassen glitschigen Stufen zum Tunnel hinunter. Vater geht mit der Taschenlampe voraus, und Mutter macht mit ihrer Taschenlampe das Schlußlicht, denn der Tunnel ist stockfinster. Stellenweise ist er ganz eng und so niedrig, daß sich Vater bücken muß, um mit dem Kopf nicht anzustoßen. Vor ihnen läuft eine Gruppe Kinder. Sie kreischen laut, und dann stimmt jemand ein israelisches Kampflied an.

»Die haben bestimmt Angst, und sie singen, um sich Mut zu machen«, sagt Orli, und dann stößt sie einen schrillen Schrei aus. Sie ist in ein Lock gesackt und steckt bis zum Bauchnabel im Wasser. Jossi und Hassan finden das furchtbar komisch, und darüber ist Orli wütend. Vater, der sich umdreht, um zu sehen, was sich hinter ihm tut, prallt mit dem Kopf an den Felsen.

»Also, nun paßt doch auf, sonst kommen wir alle als Invaliden aus dem Tunnel. Hoffentlich hört er bald auf«, stöhnt Mutter, die findet, daß sie nun genug im kalten Wasser gewatet ist.

»Moment!« ruft Vater und bleibt stehen. Mit der Taschenlampe leuchtet er nach oben. Im Lichtstrahl ist ein Schacht zu erkennen. »Durch diesen Schacht ließen vor mehr als 3000 Jahren die Frauen Jerusalems ihre Krüge an langen Seilen herunter, um das Wasser zu schöpfen, wenn ihnen in Kriegszeiten der offene Eingang zu gefährlich war. Und durch einen Schacht hier im Tunnel drang Joab, König Davids Feldherr, in die Stadt der Jebusiter und eroberte sie für die Israeliten. Seit jener Zeit ist Jerusalem, die Stadt Davids, Zentrum des Judentums. Hier ist unsere Quelle«, sagt Vater feierlich.

»Licht, Licht, ich sehe einen hellen Schein«, jubelt Orli.

»Endlich«, sagt Mutter erleichtert.

Da, wo sie rauskommen, ist ein Teich, der Schiloachteich. Das grelle Sonnenlicht, das sich im Wasser spiegelt, blendet sie.

Hassans Hose ist klitschnaß. »Orli trieft wie ein aus dem Wasser gezogenes Nilpferd«, meint Vater, und alle lachen.

Sie laufen ein Stück und setzen sich dann in die Sonne. Vater geht zum Auto, um den Picknickkorb zu holen.

»Hassan, wir haben dir Rosh-Hashana-Honigkuchen mitgebracht«, sagt Orli.

»Was bedeutet Rosh Hashana?« fragt Hassan.

»Eigentlich bedeutet es der Kopf des Jahres, unser Neujahrsfest, wir feiern es nach dem jüdischen Kalender im Herbst«, erklärt Jossi.

»Rosh Hashana, da essen wir Süßes, Honigkuchen zum Beispiel, und wir tauchen Apfelstückchen in Honig ein, damit es ein süßes Jahr wird«, fügt Orli hinzu.

»Du denkst auch nur immer ans Essen«, sagt Jossi, und Orli ist beleidigt; sie findet, daß Jossi viel mehr ans Essen denkt.

»Kinder, Rosh Hashana besteht doch nicht nur aus Honigkuchen«, mischt sich jetzt Mutter ein. Vater hört von weitem Honigkuchen und ruft: »Da ist er schon, der Honigkuchen!« Und alle müssen furchtbar lachen. Vater steht verdattert da und weiß nicht, warum sie lachen.

»Also, nun erklär du mal Hassan, daß Rosh Hashana, das wir jetzt feiern, nicht nur aus Honigkuchen-Essen besteht«, sagt Mutter.

»Auf jeden Fall feiern wir es richtig, denn Picknick in der Natur gehört dazu, denn bald fallen die ersten Regen nach dem langen trockenen Sommer, und überall fängt es an zu grünen und zu blühen«, sagt Vater. »Aber wir dürfen natürlich nicht vergessen, daß es sich hier um ein religiöses Fest handelt. Es ist der Zeitpunkt, wo Gott mit uns sozusagen Zwischenbilanz zieht; ob die guten oder die bösen Taten und Gedanken in unserem Buch des Lebens im Himmel überwiegen. Und die Menschen wünschen sich untereinander: ›Du mögest eingeschrieben sein für ein gutes Jahr.‹ Und das Schofar, das Widderhorn, wird geblasen in allen Synagogen und an der Klagemauer. In den zehn Tagen bis zum Jom Kippur, dem Versöhnungstag, wird bei uns besonders viel gebetet. Es sind die Tage der Buße. Der Höhepunkt der Bußtage ist Jom Kippur«, fährt Vater in seinen Erklärungen fort. »Es ist einer der höchsten jüdischen Feiertage. Da geht auch unsere Familie geschlossen in die Synagoge, um im Gottesdienst mit allen anderen unsere Sünden zu bekennen und Gott um Verzeihung zu bitten. An diesem Tag fasten auch wir, und wir lassen unser Auto in der Garage. Und fast alle Juden, die sonst die religiösen Gesetze nicht einhalten, die sonst nie in die Synagoge gehen, die immer am Sabbat mit dem Auto unterwegs sind, die halten sich an diesem Tag ganz streng an die religiösen Regeln. Die jüdischen Städte in Israel sind dann wie ausgestorben«, sagt Vater.

»Ja richtig, jetzt erinnere ich mich«, ruft Hassan aus, »da müssen auch wir zu Hause bleiben, weil wir dann nicht durch die jüdischen Siedlungen fahren dürfen, die frommen Juden würden sonst Steine nach uns schmeißen. Also das ist Jom Kippur.«

»Na hör mal, das ist doch auch der Krieg von 1973, der heißt Jom-Kippur-Krieg. Am Morgen des Jom Kippur haben uns die Ägypter und die Syrer überfallen, als unsere Männer in den Synagogen waren und geschwächt vom Fasten. Da hat es böse für uns ausgeschaut«, sagt Mutter ernst.

»Auch bei uns war Fastenzeit, es war Ramadan, der Fastenmonat, und mein Vater sagt, in dem Krieg hätten wir Araber unsere Ehre wiedergewonnen.«

»Nun, hören wir auf, vom Krieg zu reden, schließlich wart ihr beide damals noch gar nicht geboren«, lenkt Mutter ein, »sagt mir lieber, wie euch der Kuchen schmeckt?«

»Nach mehr!« schreien alle und halten ihre Teller hin.

»Wir sind zwar hier umgeben vom Tal der Hölle, vom Tal des Jüngsten Gerichts und von Hunderten von Gräbern, aber wir lassen uns dennoch den Appetit nicht verderben«, sagt Vater. »Das Tal zwischen Tempelberg und Ölberg wird auch das Tal der Entscheidung genannt, denn hier soll einmal das Jüngste Gericht stattfinden. Und da alle Juden am Jüngsten Tag an Ort und Stelle sein wollen, wird der Friedhof am Ölberg immer größer.«

»Auch für uns ist hier einmal das Jüngste Gericht«, sagt Hassan.

»So, was passiert denn bei eurem Jüngsten Gericht?« fragt Orli.

»Bei uns muß jeder am Tag des Jüngsten Gerichts über ein Seil balancieren, das von der Mauer der Altstadt – an der Stelle, wo das Goldene Tor ist – hinüber zum Ölberg gespannt ist. Die guten Menschen haben einen Engel, der sie hinüberbegleitet, die bösen haben keinen und stürzen ab. An der Mauer, beim Goldenen Tor, sitzt Mohammed auf einem Richterstuhl und schaut zu.«

»Auch für die Christen hat dieses Tal eine besondere Bedeutung«, erklärt Vater. »Jesus wurde von seinem Jünger, dem Judas, an die Hohenpriester verraten. Er bekam dafür Geld. Als er dann aber sah, was mit Jesus passierte, da wollte er das Geld nicht mehr. Er warf es in den Tempel. Die Hohenpriester aber wollten das ›Blutgeld‹ auch nicht zurück, und so kauften sie dafür einen Acker und nannten ihn Blutacker. Die Christen begruben in früheren Zeiten dort einmal ihre Toten.

Da drüben unterhalb des Ölbergs ist die prächtige Grabstätte von Könid Davids rebellischem Sohn Abschalom, er hatte sich gegen seinen Vater erhoben und wurde von dessen Feldherrn Joab umgebracht. Das Grabmal mit dem Pyramidendach ist das Grab des Hohenpriesters Zacharias, und dort am Hang, neben der Schutthalde, ist die Grabkammer der kleinen Pharaonentochter, die König Salomo sehr geliebt haben soll, mehr noch als die Königin von Saba.

Das Kidrontal hat für die Christen noch eine andere Bedeutung«, fährt Vater fort. »Hier entlang verlief der letzte Weg Jesu, vom Garten Getsemani, am Fuße des Ölbergs, rüber zum Hang, unterhalb des Zionsberges, dort, wo die Kirche steht. Die Christen glauben, daß dort einmal der Palast des Kaiphas stand.«

Kinder kommen den Berg hinuntergerannt, rennen

hinter einem Jungen her, der auf seinem Esel davongaloppiert.

»Shalom!« rufen die Kinder zu ihnen hinüber.

»Shalom, sagen sie, dabei ist gerade ihr Dorf Silwan als ziemlich unfriedlich bekannt«, sagt Mutter.

Die Häuser des Dorfes scheinen mit dem Berg, an den sie gebaut wurden, verwachsen zu sein, sehen so grau und verwittert aus wie er, als hätten sie seit Ewigkeiten hier gestanden. Zwischen den Häusern bahnen sich hier und dort Zypressen ihren Weg himmelwärts. Wäsche flattert im Abendwind auf den Terrassendächern.

»So ähnlich – ohne Fernsehantennen natürlich – so ähnlich müssen auch die Häuser zu Zeiten König Davids ausgeschaut haben, der hier sein Jerusalem baute. Wir haben vor einigen Jahren die Reste der Stadt Davids ausgegraben«, sagt Vater. »Alle Häuser waren damals gleich, sie hatten vier Räume, einen kleinen Hof und ein flaches Dach. Und ganz oben hatte König David seinen Palast und konnte auf die Terrassen seiner Untertanen schauen. Sein Sohn Salomo hat dann sein Jerusalem gegenüber gebaut. Dort, wo heute der Tempelberg ist, dort entstand auch der erste Tempel. Und zu Herodes' Zeiten hat man gesagt, wer nicht Jerusalem gesehen hat und seinen prachtvollen Tempel, der weiß nicht, was Pracht bedeutet.«

Ein frischer Wind streicht den Hang herab. Die Sonne verschwindet langsam hinter dem Zionsberg. Die Schatten der Häuser werden länger. Mutter fröstelt. »Ich schlage vor, wir packen so langsam unsere Sachen zusammen und ziehen heimwärts, sonst fängt uns noch der

Heidengott Moloch als Opfer. Der mochte kleine Kinder besonders gern. Die Heiden haben hier, bevor die Juden nach Jerusalem kamen, dem Moloch kleine Kinder geopfert.«

»Dann machen wir schnell, daß wir verschwinden«, und Orli schüttelt sich.

Als sie das Auto erreichen und gerade einsteigen wollen, fliegt ein Stein durch die Luft, schlägt auf die Motorhaube und hinterläßt eine häßliche Beule.

Hassan dreht sich um und rennt den Berg hoch in die Richtung, aus der der Stein geworfen wurde. Mit wütendem Gesichtsausdruck kehrt er zurück.

»Ist schon gut, Hassan, damit müssen wir hier nun einmal leben«, sagt Vater mit traurig resigniertem Gesichtsausdruck.

»Aber der Stein hätte auch meinen Kopf treffen können, dann wäre ich jetzt tot«, jammert Orli.

»Das wäre ganz praktisch, dann könnten wir dich hier gleich begraben, neben Abschalom oder der ägyptischen Prinzessin«, spottet Jossi und erhält dafür von seiner Schwester einen Tritt gegen das Schienbein.

»Du Ekel! Brüder, die ihre kleinen Schwestern ärgerten, hat man früher dem Moloch geopfert, stimmt's, Aba?«

»Nun steigt schon ein«, sagt Vater ungeduldig, »wir wollen endlich fahren.«

Sie kommen zum Jaffator. Hassan steigt aus.

»Toda, danke«, sagt er, »es war ein wunderschöner Ausflug.« Und er verschwindet in der Altstadt.

7

Jossi und Hassan haben sich am Jaffator verabredet. Jossi ist pünktlich. Er wartet eine Viertelstunde, eine halbe Stunde, aber der Freund taucht nicht auf. Jossi wird ungeduldig. Eine orange-bemützte Touristengruppe marschiert an ihm vorüber, dann kommt eine blau-bemützte. Ein Getränkeverkäufer stellt sich neben Jossi. Auf dem Rücken trägt er ein großes Kupfergefäß. Jedesmal, wenn er die Flüssigkeit aus dem Gefäß in den Becher gießt, beugt er sich mit einem Schwung vor, und dabei bimmeln Glöckchen an dem Krug.

»Hier, willst du einen Schluck, du stehst schon solange da. Auf wen wartest du denn?«

»Auf einen Freund.«

»Der wird sicher nicht kommen. Heute ist Streik, auch die arabischen Busse fahren nicht. Hast du nicht gesehen, daß die Geschäfte in der Altstadt geschlossen sind, und sind dir nicht die vielen Soldaten aufgefallen? Brenzlige Situation«, sagt der Mann und macht ein bekümmertes Gesicht. »Unruhen in Gaza und in der Westbank, geh lieber heim, bevor es auch hier losgeht.«

Jossi ist unschlüssig, was er tun soll. Dann denkt er, ich gehe zu Naders Laden und hinterlasse ihm eine Nachricht. Ja, das wird das Beste sein.

Nader steht vor seinem geschlossenen Laden und diskutiert mit ein paar Arabern. Als er Jossi sieht, geht er schnell auf ihn zu.

»Verschwinde, hier ist dicke Luft.«

»Okay«, sagt Jossi. »Ich gehe gleich, aber wir waren heute verabredet. Sag dem Hassan bitte, er soll am Montag um drei am Jaffator sein, ist was ganz Wichtiges. Wirst du es ihm sagen?«

»Okay, okay, aber jetzt geh schon.«

Vor dem Jaffator stehen Kommandofahrzeuge der Armee. Soldaten steigen aus, setzen sich Helme auf, rüsten sich aus mit Schlagstöcken. Jossi kriegt ein ungemütliches Gefühl, macht, daß er wegkommt. Er nimmt vom Jaffator den Bus nach Hause und beschließt, seinen Eltern besser nichts zu erzählen.

Auf seinem Zimmer dreht er das Radio an, sucht nach Popmusik. Aber überall hört man nur Lieder und Geschichten über die Feiertage und wie man früher Sukkot, das Laubhüttenfest, feierte, und dann in den Nachrichten von den Unruhen in den besetzten Gebieten.

Das Telefon läutet. ›Vielleicht Hassan‹, denkt Jossi. Aber es ist nur Cousine Ayelet.

»Hallo, Jossi, finde ich prima, daß wir Sukkot bei euch sind. Ich hoffe, ihr habt 'ne hübsche Hütte.«

»Ich hab' 'nen Freund eingeladen«, sagt Jossi. »Nur mit Mädchen ist es langweilig, und Uzi ist noch im Krankenhaus.«

»Find' ich prima, Jossi. Wie alt ist er, und wie heißt er denn? Ist er hübsch?« fragt Ayelet kokett. Sie ist vierzehn und unheimlich hinter Jungen her, findet Jossi.

»Ja, er ist sehr hübsch, und er heißt Hassan. Er ist Araber und kommt aus der Westbank.«

»Mach keine Witze, was sagen denn deine Eltern?«

»Die haben ihn ja eingeladen«, lügt Jossi.

»Also, ich find's prima, echt«, sagte Ayelet. »Ist doch wenigstens spannend. Sonst sind wir immer bloß Familie. Also dann bis nächste Woche, Jossi, Shalom.«

»Shalom, Ayelet.«

Kurz darauf bimmelt wieder das Telefon. Tante Sara, Ayelets Mutter, verlangt streng, den Vater zu sprechen.

»Ist nicht da und Ima auch nicht«, antwortet Jossi kurz angebunden.

»Nun gut«, sagt die Tante, »ich komme später bei euch vorbei. Ich hab' mit deinen Eltern zu reden«, und das klingt nicht sehr freundlich.

Als sie beim Abendessen sitzen, schellt die Türglocke. Orli rennt zur Tür.

Es ist Tante Sara. Jossi fällt das Telefongespräch wieder ein; er hat vergessen, Vater zu warnen. Hinter Tante Sara kommt Onkel Jehuda.

»Shalom«, klingt es ziemlich frostig.

Jossi will sich verkrümeln. Er hat keine Lust, mit Tante Sara und Onkel Jehuda zu streiten, denn meist enden alle Gespräche in bösen Verfluchungen der Araber, und Vater, der sich immer zum Fürsprecher der Araber macht, ist jedesmal nach Tante Saras und Onkel Jehudas Besuch ganz erschöpft und deprimiert.

»Also, das finde ich ja den Gipfel«, keift Tante Sara und plumpst in den Sessel.

»Ja, die Höhe ist das«, echot Onkel Jehuda und läßt sich aufs Sofa fallen.

»Was ist denn passiert?« fragt Mutter erschrocken.

»Jossi, du bleibst hier«, sagt die Tante und packt ihn am Arm, als er sich gerade an ihr vorbeischleichen will.

»Sag mal, ihr findet es wohl ganz in Ordnung, daß euer Sohn Umgang mit Terroristen hat, und nicht nur das, ihr wagt es auch noch diesen ... Araber, womöglich noch ein Moslem, zu einem jüdischen Fest einzuladen, einem Familienfest!«

»Der Gipfel ist das«, schnauft Onkel Jehuda und schneuzt sich wütend die Nase.

Vater und Mutter blicken streng zu Jossi hinüber, der nervös von einem Bein aufs andere tritt.

»Moment mal«, sagt Vater. »Wir haben niemanden zu Sukkot eingeladen, außer euch natürlich. Und das mit dem Terroristen, das nehmt bitte zurück. In euren Augen ist Araber gleich Terrorist, auf diese Weise schafft ihr immer eine Atmosphäre des Hasses. Dieser Junge lag mit Jossi im Krankenhaus, im selben Zimmer. Sie haben sich angefreundet, was ist schon dabei. Er ist ein ganz lieber Junge, wir haben ihn kennengelernt, und auch schon auf einen Ausflug mitgenommen. Also, gegen den Hassan lass' ich nichts kommen.«

»Ich auch nicht«, posaunt Orli und haut zur Bestätigung mit der Gabel auf den Tisch und erntet einen wütenden Blick von der Tante.

»Es ist nur so«, sagt Tante Sara, und sie senkt die Stimme. »Ihr wißt, was wir durchgemacht haben. Wir haben so unsere eigenen Erfahrungen in bezug auf das Zusammenleben mit Arabern gesammelt. Wenn man den einzigen Sohn bei einem Überfall arabischer Terroristen verliert, dann fällt es einem verdammt schwer, in den Arabern normale Menschen zu sehen. Für mich sind sie fanatische Bestien, die nur eins im Sinn haben, uns Juden ins Meer zu werfen. In unserem eigenen Land können wir uns nicht frei und ohne Angst bewegen. Wer von uns gerät nicht in Panik, wenn er neben sich ein Paket oder eine Tüte entdeckt, die niemandem gehört. Wie oft war in so einer Tüte schon eine Bombe versteckt! Alles was recht ist, Eli, soll dein Junge meinetwegen einen arabischen Freund haben, aber ladet ihn bitte nicht zu einem Familienfest ein.«

»Das hatten wir auch gar nicht vor«, sagt Vater, »also beruhigt euch. Ich habe im übrigen keine Lust, heute wieder endlos lang mit euch über unser Zusammenleben mit den Arabern zu diskutieren. Ihr kennt meine Einstellung, und sie wird sich auch nicht ändern.«

»Schade«, ruft Orli, »nun darf Hassan nicht zu Sukkot kommen, dabei hätte er der Ayelet bestimmt gut gefallen.«

»Halt den Mund«, schimpft die Mutter, und Orli zieht eine Grimasse. Die Sache ist nun erledigt, und Mutter macht Kaffee für Sara und Jehuda und setzt ihnen auch den frischgebackenen Kuchen vor. Beide sind nun beruhigt, und man verabschiedet sich bis zum Fest.

Als die beiden weg sind, nimmt sich Vater Jossi vor: »Sag mal, was hast du dir dabei gedacht?«

»Ich hab' ja Hassan gar nicht eingeladen, nur zum Sukka-Bauen. Ich wollte doch nur Ayelet ärgern und Tante Sara.«

»Das ist dir damit auch bestens gelungen«, sagt Mutter.

Wieder klingelt es. Es ist Hanna.

»Wo warst du, du kommst spät?« fragt Mutter besorgt.

»Ich war im Kino.«

»Muß ein trauriger Film gewesen sein, weil du so traurig ausschaust, oder ist dir dein Freund weggelaufen?«

»Orli, du kannst einem manchmal ganz schön auf den Geist gehen.«

»Da hast du ein wahres Wort gesprochen«, sagt Jossi, aber Hanna reagiert nicht, sondern verzieht sich gleich auf ihr Zimmer, und der Rest der Familie hockt sich vor den Fernseher.

8

Als Jossi am Montag zum Jaffator kommt, steht Hassan schon da, mit 'ner Felafel in der Hand.

»Nader hat mir gesagt, daß du mich gesucht hast. Ich konnte an dem Tag nicht kommen. Mußt du verstehen.«

»Klar, versteh' ich, beschissene Situation, echt.«

»Ein Klassenkamerad sitzt im Gefängnis, weil er einen Stein auf die Soldaten geschmissen hat. Ich habe auch einen geschmissen.«

Hassan stopft sich den Rest seiner Felafel in den Mund und wischt sich die Hände an der Hose ab.

»Komm«, sagt Jossi, »da drüben wartet mein Großvater. Wir fahren nach Mea Shearim und holen die Palmwedel für Sukkot.«

»Saba, das ist Hassan.«

»Marhaba, Hassan, wie geht es dir?«

»Hamdullilah, Allah sei gedankt, es geht mir gut«, antwortet Hassan dem Großvater Jossis, den er auf Anhieb sympathisch findet.

»Achtung, festhalten, ich starte.« Und als Großvater den Motor anläßt, schüttelt sich die alte Kiste, spuckt und schnauft. »Wie ein altes Roß, das in den letzten Zügen liegt«, Großvater lacht, »was Besseres kann ich nicht bieten.« Er klammert sich ans Lenkrad, als hätte er Angst, es mache sich gleich selbständig.

»Verehrte Herrschaften, wir befinden uns auf dem Wege zu den Hundert Toren – Mea Shearim, so heißt das Viertel unserer Landsleute aus Polen und Rußland, die sich im letzten Jahrhundert vor der Altstadt angesiedelt haben. Im Viertel der Hundert Tore lebt man streng nach den Gesetzen der Tora. Hebräisch, die Sprache der Tora, wird nicht auf der Straße entheiligt. Nein, wenn hier die Menschen miteinander diskutieren, wenn sie schimpfen, keifen, zetern – dann klingt das für mich wie Chinesisch, dabei ist das ein Gemisch aus Hebräisch, Deutsch, Polnisch, Russisch, was weiß ich, sie nennen es Jiddisch.«

Großvater parkt sein Auto in einer der vielen schmalen Straßen von Mea Shearim. Sie steigen aus und folgen ihm. Die Häuser sind hier so baufällig und windschief, daß man gar nicht vorbeizugehen wagt aus Angst, sie fallen einem gleich entgegen. »Sie sind so schief, weil sie sich den ganzen Tag grüßend zur Straße neigen, wenn ein frommer Rabbi an ihnen vorübergeht. Und da es hier so viele gibt, kommen die armen Häuser gar nicht mehr dazu, sich zwischendurch aufzurichten«, sagt Großvater lachend.

Sie gehen an unzähligen winzigen Läden vorbei, in

denen fromme Gegenstände verkauft werden. Blasse Jungen laufen geschäftig durch die engen Gassen, mit ernsten Gesichtern, eingerahmt von Schläfenlocken. Auf dem Kopf das Käppchen. Die Mädchen tragen trotz der Hitze Baumwollstrümpfe, die Frauen Perücken oder Kopftücher. Überall mahnen Schilder: Jüdische Tochter, kleide dich sittsam!

»Schaut, alle Jungen tragen Brillen«, bemerkt Hassan.

»Nun, sie fangen mit vier Jahren an, lesen und schreiben zu lernen«, sagt Großvater, »denn es heißt in den Sprüchen der Väter: Mit fünf ist der Mensch reif für das Lesen der Tora. Wer nicht lernen will, ist des Lebens unwert. Ja, sie nehmen es sehr ernst, das Studium des Gotteswortes, und sie vertun ihre Zeit nicht mit Fußballspielen.«

Großvater steuert einen großen Haufen Palmwedel an, den ein alter frommer Jude gerade durchwühlt.

»Schau, das wären tolle Palmwedel für unsere Prozession«, sagt Hassan zu Jossi. Der hat inzwischen einen Stand entdeckt, an dem bunte Girlanden verkauft werden. Er sucht eine grellbunte und extra lange aus.

»Es soll diesmal eine besonders hübsche Sukka werden«, sagt Jossi.

Sie gehen zurück zum Auto. Alle drei ziehen sie lange Palmzweige hinter sich her, die Großvater dann auf dem Dach des Autos festbindet. Und mit wehenden Palmwedeln fahren sie durch Jerusalem.

»Da seid ihr ja endlich«, ruft Orli ungeduldig, »jetzt fangen wir gleich mit dem Bau der Sukka an, kommt auf die Terrasse.«

»Prima«, sagt Hassan, »wo habt ihr die Steine und den Mörtel?«

Großvater, Jossi und Orli schauen ihn verdutzt an, und dann müssen sie furchtbar lachen.

»Also, so eine Hütte, wie du glaubst, wird das hier nicht«, stellt Großvater klar. »Diese hier wird eine Erinnerungshütte. Sie soll uns daran erinnern, daß die Kinder Israels mit Mose vierzig Jahre lang durch die Wüste gezogen sind und in ähnlichen Hütten gelebt haben. Unsere Erinnerungshütte steht nur eine Woche, und sie muß im Freien stehen. Wir sollen den Himmel sehen können.«

»Na, dann bin ich aber mal gespannt auf eure Sukka.«

Auf der Terrasse liegt schon das Zubehör. Die vier Stangen für die Ecken, dann der Stoff, der die Wände bilden soll, und die Latten für das Dach, auf die dann die Palmwedel kommen.

»Aber da regnet es doch durch«, Hassan schüttelt den Kopf über soviel Unverstand.

»Ja, mein Junge, aber es soll ja möglichst nicht regnen während des Festes. Mit der Bitte um Regen beginnt man erst am letzten Tag, während man am ersten Tag Adonai an den Regen nur erinnert«, erklärt Großvater.

Nachdem die Hütte aufgestellt ist, bringen Großvater und Jossi einen langen Tisch und zwei Bänke und stellen sie in die Hütte.

»So, nun dürft ihr die Sukka dekorieren«, fordert sie Großvater auf. Und Orli rennt gleich nach Papier und Buntstiften.

Jossi malt die Klagemauer mit betenden Juden davor und Orli einen prächtigen Granatapfel.

»Laß mal sehn, was du malst«, Orli schaut Hassan neugierig über die Schulter.

»Sei nicht so neugierig, du bekommst es zu sehen, wenn es fertig ist«, und er hält den Arm über seine Zeichnung.

Dann blickt er stolz auf und präsentiert sein Werk: den Felsendom mit orangener Kuppel (mangels Gold) und bunten Fassaden. Oben thront ein schiefer Halbmond. »Sieht aus wie 'ne Orange in einer bunten Schüssel, sehr hübsch«, lobt Großvater.

Hassan ist empört. »Das ist der Felsendom«, und er ist beleidigt, daß seine Zeichnung nicht die Beachtung findet, die einem solchen Heiligtum gebührt.

»Das sollen wir in die Sukka hängen? Das geht doch nicht, das ist ja was Moslemisches«, sagt Orli.

»Na und? Es steht aber an der Stelle, an der euer Tempel mal stand, und ist bestimmt genauso schön.«

»Du mußt etwas Neutrales malen«, bestimmt Jossi.

»Was versteht ihr unter neutral?« fragt Hassan nun etwas verunsichert.

»Na, zum Beispiel Blumen oder Bäume«, schlägt Orli vor.

»Gut«, Hassan setzt sich kopfschüttelnd an seinen Platz und malt einen Olivenbaum aus seinem Dorf. Darunter sitzt eine Frau und oben auf dem Baum ein Kind.

»Das bist du«, sagt er zu Orli.

»Ich, was soll ich denn auf einem arabischen Olivenbaum, da sitzt doch eine Araberin drunter. Das ist ja schon wieder nichts Neutrales.«

»Nun sei nicht so pingelig«, mischt sich jetzt Großvater

ein, »es könnte durchaus auch eine fromme Jüdin sein. Wir lassen es durchgehen.«

»Gut«, sagt Hassan, »ich habe nämlich keine Lust, noch was Neues zu zeichnen. Habt ihr im Jemen eigentlich auch Hütten bauen müssen?« fragt Hassan den Großvater.

»Ja, weißt du, wir Juden haben unsere Sprache, unsere Feste und unsere Gebräuche mitgenommen, als man uns vor 2000 Jahren aus dem Gelobten Land vertrieben hat. Und als wir uns im neuen Staat Israel wieder zusammenfanden, da stellten wir fest, daß wir die gleichen Feste feierten, ob wir nun aus Europa oder aus den arabischen Ländern kamen. Nur die Art und Weise, wie wir sie feierten, war oft ein wenig unterschiedlich.«

»Großvater, erzähl bitte, wie du aus dem Jemen hierhergekommen bist«, bettelt Jossi, »das ist eine wunderschöne Geschichte und lustig.«

»Also gut«, sagt Großvater, »macht es euch gemütlich, es ist nämlich eine lange Geschichte.«

»Es war einmal eine kleine Stadt im Jemen, da lebten viele Juden. Es ging ihnen nicht schlecht, aber sie waren eben doch nur Fremde in einem fremden Land. Und sie hörten nicht auf, von ihrem eigenen Land zu träumen, sie nannten es ›Eretz Israel‹, das Land Abrahams, Isaaks, Jakobs, Moses, König Davids . . . Eines schönen Tages, es war im Jahre 1948, hieß es plötzlich, es gibt wieder einen Judenstaat, man erwarte uns im neuen Israel.

Da herrschte große Freude unter den Juden. Wir machten uns alle auf mit Kind und Kegel und marschierten nach Aden, wie man uns gesagt hatte. Und was empfing uns dort – ein Flugzeug. So was hatten wir noch nie gesehen.

›Der Herr hat uns einen Silbervogel gesandt!‹ rief der Rabbi und pries Adonai, den Höchsten, der uns auf den Schwingen des Adlers wieder zurückführen wird. Die Brüder in Israel nannten die Aktion schlicht: Operation fliegender Teppich. Als wir aber in dem komischen Ding, das sich tatsächlich in die Lüfte hob, nach ein paar Stunden schon wieder landeten, da kam uns die Sache nicht geheuer vor. Und der Rabbi sagte: ›Mose hatte vierzig Jahre gebraucht, und wir sollen in ein paar Stunden das Ziel erreichen? Das ist das Werk des Teufels!‹

Und wir wollten auf der Stelle wieder umkehren. Dann schickten sie uns auch noch ein paar Mädchen, die uns in eine stinkende Wolke von so einem Desinfektionsmittel hüllten. Das hat uns den Rest gegeben. So empfängt man uns in Eretz Israel, mit einer stinkenden Wolke?

Und wir waren sehr enttäuscht. Schließlich muß man uns wohl doch überzeugt haben, daß man es gut mit uns meinte. Und jetzt sind wir alle echte Israelis. Es ist nicht das Land, in dem Milch und Honig fließt, aber wir sprechen hier unsere Sprache, und wir können hocherhobenen Hauptes durch unsere Straßen gehen. Unser größtes Problem ist jetzt, mit euch Arabern zurechtzukommen, aber ich hoffe, wir schaffen das auch noch«, und Großvater klopft Hassan freundschaftlich auf die Schulter.

»Saba, Jossi, Orli, eine große Überraschung!« ruft Hanna, die vom Telefon kommt. »Ima und Aba sind auf dem Wege nach Hause und ratet, wen sie mitbringen?«

»Uzi«, rufen alle aufgeregt, »das ist wunderbar.«

»Hanna, setz Kaffeewasser auf und besorge Kuchen, der Junge hat sicher Hunger«, ruft Großvater.

Hanna rennt zur Tür. Jossi rennt auf sein Zimmer, das er mit Uzi teilt; er will schnell ein wenig Ordnung machen. Nur Hassan bleibt allein in der Sukka zurück. Es läutet. Alle stürmen aufgeregt zur Tür, aber es ist nur Hanna mit dem Kuchen.

Großvater deckt im Wohnzimmer den Tisch, Orli hat noch schnell ein Schild gemalt: Willkommen, Uzi. Da läutet es wieder. Diesmal sind es die Eltern mit einem sehr blassen Uzi.

Großvater, Jossi, Hanna und Orli stürzen sich auf ihn, umarmen und küssen ihn, als sei er gerade von den Toten auferstanden. Als sie sich beruhigt haben, schaut Uzi zu Hassan rüber, der an der Tür steht und sich unauffällig verdrücken will.

»Wer ist denn das?«

»Das ist der Junge, von dem ich dir erzählt habe«, sagt Vater, »der mit Jossi in einem Zimmer lag, er heißt Hassan.«

»Shalom, Hassan«, begrüßt ihn Uzi und reicht ihm die Hand.

»Shalom«, antwortet Hassan.

Uzi wendet sich sofort wieder der Familie zu.

»Komm, Hassan, ich bring' dich schnell zum Jaffator«, sagt Jossis Vater.

»Besuch uns bald wieder, Hassan!« ruft ihm Großvater nach.

»Sehen wir uns am nächsten Freitag?« Jossi kommt Hassan nachgelaufen.

»Geht nicht, da ist die Hochzeit meiner Schwester. Aber am Samstag bin ich daheim, dann ist bestimmt noch 'ne Menge Kuchen übrig. Ich schlag' vor, du kommst nach Kubeibe. Wird Zeit, daß du mich auch mal besuchst. Du fährst mit dem Bus zum Franziskaner-Kloster und läufst ein Stück zurück. Das erste Haus auf der rechten Seite ist es. Komm so gegen drei, ich werde auf dich warten.«

»Toll«, sagt Jossi, »dann lerne ich endlich euer Dorf kennen. Ich freue mich schon. Ich wünsche dir eine schöne Hochzeitsfeier und iß nicht zu viel.«

»Das kann ich nicht versprechen, auf Hochzeiten ist das Essen immer besonders gut.«

»Shalom, mach's gut, bis nächsten Samstag.«

9

Im Hause der Nasser Eldins sind die Hochzeitsvorbereitungen in vollem Gange. Intisar hat nur noch Anprobe des Hochzeitskleides, Schuhekauf, Friseur im Kopf. Schön will Intisar an ihrem Hochzeitstag sein, nicht nur für den Bräutigam, nein, für alle. Vater sagt, es schicke sich nicht für eine Braut, so eitel zu sein.

Khalil, der in Deutschland studiert, ist erschienen, und Vaters Bruder Hussein ist aus Kuweit angereist. »Er verdient sich dort mit Öl eine goldene Nase«, sagt Vater. Aber Hassan findet, daß Onkel Husseins Nase ganz normal sei. Nur die beiden Vettern, die in Kuweit in einem großen Haus mit Swimming-pool aufwachsen, sagen, in

Kubeibe könnten sie es nie und nimmer aushalten, es sei ihnen viel zu primitiv.

Onkel Hussein hat sehr viel Geld; er denkt daran, sich in Kubeibe Land zu kaufen und ein Haus zu bauen. Hassans Vater meint, daß Hussein sowieso nach Palästina gehöre.

»Ja, ich weiß, zu den Olivenbäumen, aber mit dem Öl der Oliven läßt sich nicht viel Geld verdienen, lieber Bruder.«

»Du weißt, Hussein, Reichtum macht den Menschen nicht glücklich und zufrieden, das Wichtigste ist eine Heimat.« Es sind immer die gleichen Gespräche, die Vater mit seinen Brüdern führt, wenn sie ihn aus dem Ausland besuchen.

Dann kommt der Tag der Hochzeit. Im großen amerikanischen Wagen, den Onkel Hussein gemietet hat, fahren die Eltern mit der Braut nach Hebron. Mit Blumen und Girlanden hat man das Auto geschmückt. Sie fahren mit vier Autos von Kubeibe nach Hebron, das etwa eine Stunde entfernt liegt.

Vor Hebron passieren sie die übliche Straßensperre. Soldaten kontrollieren ihre Papiere.

»Ihr seht doch, daß wir eine Hochzeitsgesellschaft sind, ihr könnt der Braut wenigstens Glück wünschen«, empört sich Onkel Hussein.

»Mazel tov!« rufen die Soldaten.

Hebron macht den üblichen geschäftigen Eindruck. Die engen Straßen sind verstopft mit Bussen, Lastwagen und Eselskarren. Und überall Soldaten: auf Dächern und an jeder Straßenecke. Manche Häuser sind ganz mit Stacheldraht umgeben. Auf Höfen, die von Soldaten bewacht werden, spielen Kinder. Aus den Fenstern dieser Häuser hängen Fahnen mit dem Davidstern.

»Das sind fromme Juden, die haben sich mitten in Hebron niedergelassen. Sie sagen, sie hätten das Recht dazu, weil hier früher auch schon Juden gelebt hätten. Dabei wissen sie genau, daß man sie in dieser Stadt nicht gerne sieht, oft genug hat man es sie spüren lassen«, erklärt Hassans Vater seinem Bruder.

»Hebron ist zur Stadt des Unfriedens geworden«, fügt die Mutter hinzu.

»Hört bitte auf«, schimpft Intisar, »wenn man euch so reden hört, könnte man meinen, wir ziehen in den Krieg, dabei feiern wir meine Hochzeit.«

Als das Hochzeitsauto in die Straße einbiegt, in der Intisars Bräutigam wohnt und in der auch ihre zukünftige Wohnung sein wird, kommt ihm eine Schar Frauen entgegen. Sie tragen wunderschön bestickte palästinensische Trachten, der Goldschmuck um ihren Hals und um ihre Handgelenke klirrt bei der wiegenden Bewegung ihres Körpers und dem Klatschen ihrer Hände. Mit lauten Zungentrillern begrüßen sie die Braut, begleiten sie tanzend bis zum Hochzeitshaus.

Das Haus ist bereits voller Menschen. Männer und Frauen in Festtagstracht drängen sich am Eingang.

Intisar schreitet die Treppe zum Haus hinauf.

»Was für eine schöne Braut!« Die Frauen bewundern sie gerührt.

Nach der Hochzeitszeremonie wird das Essen verteilt; große Schüsseln mit Reis, Gemüse und Hammelfleisch, dazu gibt es Limonade und Cola. Alkohol darf in einem moslemischen Haus nicht getrunken werden.

Nachdem der Hochzeitskuchen von Braut und Bräutigam angeschnitten wurde und sie alle ihr Täßchen türkischen Kaffees erhielten, versammeln sich die Gäste im Salon. Die Brautleute setzen sich auf ein hohes Podest und empfangen die Gratulanten. Einer nach dem anderen tritt vor das Brautpaar und drückt diskret einen Geldschein in die Hand der Braut oder des Bräutigams, bis das Täschchen der Braut fast überquillt. Der Bräutigam steckt seine Geldscheine in die Hosentasche. Nun greift ein Mann zur Trommel, und im schneller werdenden Rhythmus tanzen die Frauen im Kreis. Eine der Frauen tritt in den Kreis, nimmt einen Schal, und angefeuert von den Umstehenden, bewegt sie graziös die Hände nach oben, und in weichen Bewegungen dreht sie Kreise mit den Hüften.

»Yallah!« rufen die Umstehenden und klatschen in die Hände. Dann reiht sich die Tänzerin wieder in den Kreis ein, und eine andere beginnt mit dem Bauchtanz. Das Brautpaar schaut bewegungslos von seinem Podest herunter zu.

Der Trommler macht eine Pause. Wieder beginnt die Gratulationstour. Jetzt tanzen die Männer. So geht es stundenlang.

Hassan hat ein paar Jungen in seinem Alter getroffen. Sie sitzen draußen auf den Stufen des Hauses und unterhalten sich.

Die Mutter des Bräutigams tritt zu ihnen. »Es ist kein Brot mehr da, Hassan, könntest du bitte Pitta kaufen, hier hast du einen Sack und Geld. Ich danke dir.«

Hassan drängt sich durch die Menschen, die vor dem Haus stehen.

»Das ist der Bruder der Braut«, hört er jemanden sagen, und er ist stolz, der Bruder der Braut zu sein. Draußen auf der Straße begegnen ihm fromme Juden auf dem Wege zum Grab Abrahams. Es ist kurz vor Sabbat-Beginn.

Ein wuchtiger Bau erhebt sich über der Höhle Machpela, die Gruft Abrahams und seiner Familie. Juden und Moslems haben dort ihre Gebetsstätten. Zu dem Heiligtum, das auf einer Anhöhe liegt, führt eine breite Treppe hinauf. Soldaten stehen überall, auf den Treppen und am Eingang zum Heiligtum. Das Gewehr umgehängt.

Gleich am Eingang zum Basar findet Hassan einen Bäkker. Er läßt sich die frischen runden Pittabrote in den Sack stopfen, legt das Geld hin und macht sich auf den Rückweg. Wieder geht er an der breiten Treppe, die zum Haram, dem Heiligtum, führt, vorbei. Eine Frau in palästinensischer Tracht, das Kopftuch weit ins Gesicht gezogen, läuft vor ihm. An der Treppe steht ein Soldat. Er schaut zu einer Gruppe Moslems, die die Treppe hinunterkommt. Plötzlich, mit einem Satz, stürzt sich die Frau von hinten auf den Soldaten, setzt ihm ein Messer an die Kehle. Ein Schrei! Schüsse fallen, drei, vier . . . Die Frau sackt zu Boden.

»Der Junge!« schreit ein Soldat. »Ich habe ihn getroffen.«

Der Junge liegt neben der Frau, der Sack mit den Pittabroten hat sich im Fallen geöffnet. Die Brote sind auf der Straße verstreut, werden zertreten von eilig heranstürmenden Soldaten.

»Der Junge, er muß der Sohn der Frau sein, los, eine Ambulanz.«

Die Hochzeitgesellschaft feiert immer noch ausgelassen. Immer neue Gratulanten erscheinen. Das Täschchen der Braut und die Hosentasche des Bräutigams sind inzwischen mehrmals geleert worden, füllen sich aufs neue.

»Es ist kein Brot mehr da«, sagt jemand.

»Ich habe Hassan weggeschickt, Pitta zu kaufen. Er müßte längst zurück sein«, sagt Umm Ziad, die Mutter des Bräutigams.

»Wo bleibt der Junge?«

Von draußen hört man die schrille Sirene einer Ambulanz.

Dann Polizeisirenen.

»Ist wieder was passiert?«

»An diese Geräusche muß man sich hier gewöhnen.«

Draußen ist es jetzt fast dunkel.

»Wo bleibt der Junge? Es wird doch wohl nichts passiert sein?«

»Vielleicht hat er sich verlaufen. Ich hätte jemand anderen schicken sollen. Wo er bloß bleibt, der Junge?«

Der letzte Gratulant kommt. »Habt ihr schon gehört? Draußen bei der Machpela haben sie eine Frau erschossen. Sie wurde ohnmächtig und fiel gegen einen Soldaten, der Sohn wollte sie stützen. Beide wurden erschossen.«

»Warst du dort? Hast du es gesehen?«

»Niemand ist mehr dort. Alles ist abgesperrt. Die Stadt ist wie ausgestorben. Ihr wißt doch, wie nervös die Israelis nach einem solchen Zwischenfall reagieren. War schon gefährlich herzukommen.«

»Allah sei ihr gnädig und ihrem Sohn.«

»Wo bleibt der Junge?«

Die Mutter des Bräutigams geht zu Hassans Mutter, sagt ihr, daß sie den Jungen Brot holen geschickt habe. »Er ist noch nicht zurück.«

Die Mutter schaut erschrocken zur Tür, als ob sie ihn von dort jeden Moment erwartet. Ihre Knie fangen an zu zittern, sie muß sich setzen. Sie ruft den Vater.

»Der Junge«, sagt sie, »Umm Ziad hat ihn weggeschickt, Brot zu kaufen. Er ist immer noch nicht zurück. Hast du gehört was passiert ist?« »Abu Fuad, du kommst gerade von draußen, ist Ausgangssperre?«

»Mach doch mal jemand das Radio an«, Hassans Vater sucht aufgeregt nach einem Sender mit Nachrichten. Nur Musik.

»Was sollen wir machen? Wir müssen den Jungen suchen gehen, es ist dunkel, und er kennt sich doch nicht aus«, die Mutter fängt an zu weinen, Vater beruhigt sie. »Bleibe du bei Intisar, sag ihr nichts, wir wollen ihr das Fest nicht verderben. Es wird sich alles aufklären, du wirst sehen. Ich werde mit Abu Fuad den Jungen suchen gehen.«

Draußen in der Dunkelheit patrouillieren Soldaten. Sie haben Verstärkung bekommen. Die Läden sind alle geschlossen. Die Straßen menschenleer. Hinter den Fenstern der Häuser lauert die Angst.

»Spürst du die Spannung, die in der Luft liegt?« flüstert Abu Fuad. »Hoffentlich entlädt sie sich nicht heute noch.«

Ein Soldat verlangt ihren Ausweis. »Was macht ihr hier?«

Hassans Vater will loslegen. Abu Fuad hält ihn am Arm fest, spricht beruhigend auf ihn ein.

»Wir suchen meinen Jungen. Er ist vom Brotkaufen nicht zurückgekehrt.«

»Ihr könnt jetzt hier nicht rumlaufen. Ihr wißt doch, was passiert ist. Geht nach Hause. Es ist Ausgangssperre.«

»Aber mein Junge . . .«

»Dein Junge wird sicher bald auftauchen, ist vielleicht bei Freunden, geht nach Hause, ich bitte euch.«

Der Soldat versucht seine Angst hinter einer forschen Haltung zu verbergen. Hebron ist die Stadt der Angst.

Die beiden Männer kehren zurück.

»Habt ihr was gehört? Habt ihr ihn gefunden?« fragt Mutter in ängstlicher Erwartung.

»Man hat uns zurückgeschickt. Wahrscheinlich lassen sie ihn auch nicht durch. Er wartet irgendwo. Sicher wird er bald kommen.«

Das Brautpaar hat sich zurückgezogen, in die Wohnung, die man im oberen Stock eingerichtet hat. Man hat ihnen nichts erzählt, wollte ihnen den Tag nicht verderben durch böse Nachrichten.

»Böse Nachrichten gibt es ohnehin genügend in dieser Stadt, in diesem Land«, sagt Abu Fuad, der in der Stadt Abrahams, den sie hier Ibrahim nennen, geboren wurde und hier mit seiner Familie lebt.

10

Es ist Samstagmorgen. Jossi ist aufgeregt. Heute nachmittag wird er nach Kubeibe fahren. Er freut sich schon riesig. Vater hat versprochen, ihn zum arabischen Busbahnhof zu bringen. Mit dem Bus will er dann alleine fahren.

Am Sabbat gibt es keine Zeitungen. Aber wie alle Israelis hört auch Jossis Vater jede volle Stunde die Nachrichten. Man hat kurz von den Unruhen in Hebron berichtet: Eine Frau hatte versucht, einem Soldaten die Kehle durchzuschneiden. Sie wurde auf der Stelle erschossen. Ihr Sohn, der bei ihr war, wurde verletzt

»Du solltest heute besser nicht nach Kubeibe fahren, möglicherweise haben sie von den Unruhen mitbekommen, und dann lassen sie ihre ganze Wut auf die Israelis an dir aus. Weißt du, Araber reagieren immer sehr emotionell«, sagt Mutter besorgt.

»Das war eine klare Notwehrsituation. Ich hätte auch geschossen«, sagt Uzi, der in ein paar Tagen seinen Dienst in Hebron antreten muß.

Jossi will auf jeden Fall nach Kubeibe fahren. Hassan hat kein Telefon. »Ich kann ihn nicht benachrichtigen. Und ich habe doch versprochen zu kommen.«

Vater schlägt vor, erst bei Nader vorbeizuschauen.

Naders Laden ist geschlossen.

»Jossi, bleib lieber hier, fahr ein andermal. Mir ist nicht wohl bei dem Gedanken, dich allein in ein arabisches Dorf fahren zu lassen. Man weiß wirklich nie, wie Araber reagieren, Mutter hat recht.«

»Aba, ich bin fast erwachsen, ich hatte in diesem Jahr meine Bar-Mizva, gehöre nun zu den Männern, hast du selbst gesagt. Da kann ich doch auch allein nach Kubeibe fahren. Es ist nicht weit von Jerusalem.«

»Aber auf jeden Fall bist du vor dem Dunkelwerden zurück.« Vater setzt ihn schweren Herzens in den Bus nach Kubeibe.

Jossi findet es aufregend, in einem arabischen Bus zu fahren. Er ist uralt, und die Sitze sind nicht gefedert. Der Bus rumpelt über holprige Straßen, und wenn er über einen Huckel fährt, fliegen die Passagiere in die Luft. Jossi muß lachen. Die Leute schauen ihn neugierig an. Er ist fremd, noch nie hat man ihn im Bus nach Kubeibe gesehen.

Endlich erreicht der Bus Kubeibe, fährt die schmale Dorfstraße entlang, vorbei an einer Klostermauer. ›Hier müssen die Schwestern wohnen, von denen Hassan erzählte‹, denkt Jossi. Dann kommt die Kirche der Franziskaner. Jossi zieht an der Schnur. Der Bus hält. Jossi steigt aus. ›Ein Stück zurücklaufen, hat Hassan gesagt, und das erste Haus auf der rechten Seite. Das muß es sein‹, denkt er aufgeregt.

Ein paar junge Männer stehen vor dem Haus. Ob das wohl die Brüder sind, oder die Vettern aus Kuweit?

»Marhaba«, sagt Jossi, und er fragt nach Hassan.

Sie schauen ihn an, wollen wissen, wer er ist.

»Ein guter Freund von Hassan«, antwortet er.

»Hassan ist nicht da«, sagen sie.

Plötzlich ertönt von drinnen eine schrille Frauenstimme: »Das ist er, der jüdische Freund von Hassan.

Verdammter Israeli, Ihr seid alle Mörder, mach, daß du wegkommst, laß uns nicht auch zu Mördern werden.« Eine Hand streckt sich aus, will ihn schlagen.

Jossi rennt weg. Steine fliegen. Einer trifft ihn am Hinterkopf. Er spürt einen dumpfen Schlag und einen Schmerz. Nur weg von hier, ist sein einziger Gedanke, und er rennt und rennt.

›Warum‹, denkt er dann, ›warum hassen sie mich? Irgend etwas muß passiert sein.‹ Er rennt an der Klostermauer entlang, die den Abhang hinunterführt, er sucht eine Stelle, wo er rüber kann. Bloß nicht weiterrennen, sicher werden sie mich verfolgen. Hier bei den Schwestern bin ich sicher. Er klettert über die Steinmauer. Oben ist Stacheldraht. Er bleibt hängen. Es macht ritsch. Die Hose hat einen Riß. ›Auch das noch‹, denkt er. Und dann fällt ihm Hassan wieder ein, und er hat ein ganz schlimmes Gefühl. Es wird ihm plötzlich ganz flau im Magen.

Neben dem Haus der Schwestern ist ein Gemüsegarten. Eine Schwester steht gebückt vor einem Beet und zupft Unkraut.

Jossi räuspert sich. Er weiß nicht, wie man Nonnen anspricht.

Die Schwester dreht sich um, erblickt ihn.

»Junge, hast du mich erschreckt. Wie kommst du hier herein?« fragt sie ihn auf arabisch. »Suchst du etwas, deinen Ball vielleicht?«

»Ich«, stottert Jossi, und dann fängt er zu heulen an.

»Bitte, haben Sie hier ein Telefon?«

»Telefon«, die Schwester lacht. »Seit zehn Jahren warten wir darauf. Wir sind hier in der Westbank, Junge. Aber erzähl, was ist denn passiert. Du bist ja ganz durcheinander. Du bist wohl nicht von hier. Bist du Israeli?«

Jossi nickt.

»Und was machst du hier?«

»Ich habe hier einen Freund, er heißt Hassan. Seine Schwester hatte gestern in Hebron Hochzeit. Heute sollte ich ihn treffen. Er wollte mir sein Dorf zeigen.«

»Du lieber Himmel, da bist du aber in einem schlechten Moment gekommen. Weißt du denn nicht, was passiert ist?«

»Nein, was ist denn passiert? Alle sind so merkwürdig zu mir. So feindlich. Man hat mit Steinen nach mir geworfen, als ich nach Hassan fragte.«

Der Stein, der ihn getroffen hat. Jossi faßt sich mit der Hand an den Hinterkopf. Er hat Blut an der Hand.

»Dein Freund Hassan ist gestern in Hebron von einem Soldaten angeschossen worden. Versehentlich, heißt es. Er liegt im Hadassa-Krankenhaus. Hier im Dorf spricht sich so etwas schnell herum. Aber deine Hand, sie ist ganz blutig. Hast du dich verletzt?«

»Mein Kopf«, sagt Jossi, und es wird ihm ganz schwindlig. »Ich will nach Hause«, heult er los.

»Nun komm, setz dich hier auf die Bank. Ich bringe dir etwas zu trinken und Jod für deine Wunde.«

Die Schwester verschwindet und kehrt gleich darauf mit einem Tablett zurück. Sie reicht ihm ein Glas Limonade, und dann schaut sie sich die Wunde an.

»Schrecklich, schrecklich«, sie schüttelt bekümmert den Kopf. »Was Menschen einander antun.« Sie tupft Jod auf die brennende Wunde.

»Du mußt zu Hause gleich zu einem Arzt. Bist du aus Jerusalem?«

Jossi nickt.

»Hab' ich mir doch gedacht. Paß auf, du kletterst nachher wieder über die Mauer. Dann läufst du über die Felder hoch zur jüdischen Siedlung. Siehst du, dort oben auf dem Berg. Da bist du in Sicherheit. Es ist nicht gut, wenn du bei uns aus der Tür trittst. Nicht gut für uns und nicht gut für dich.«

Die Hose fällt ihm ein. Er dreht sich um und wendet der Schwester seine Rückseite zu.

»Kann ich so gehen?« fragt er.

»Ya Allah!« ruft die Schwester aus, als sie den langen Riß in Jossis Hose sieht. »Warte einen Moment, ich hole Nähzeug.«

»Schwester Bernadette!«

»Ja, ich bin gleich bei Ihnen, Mutter Ottilie.«

Nach einer Weile kehrt die Schwester zurück mit einer Decke und Nähzeug.

»Schnell, zieh deine Hose aus, hier hast du eine Decke. Ich muß mich beeilen, wir haben unsere Gebetsstunde.«

»So geht es«, sagt sie und betrachtet ihr Werk. Jossi zieht sich seine Hose wieder an.

»Bevor du sie dir wieder zerreißt, helfe ich dir lieber über die Mauer.«

»Schwester Bernadette«, ruft es wieder aus dem Haus.

»Verzeih, Mutter Ottilie, ich muß jetzt ungehorsam sein, dieses Menschenkind braucht meine Hilfe«, murmelt sie vor sich hin.

Schwester Bernadette hilft Jossi über die Mauer, sie

steigt auf einen Hocker und hält den Stacheldraht auseinander, damit er durchschlüpfen kann.

»Vielen Dank, daß Sie mir geholfen haben!« ruft Jossi, als er auf der anderen Seite angelangt ist.

»Schon gut, aber jetzt lauf schnell. Und bitte, erzähle niemanden, daß du bei uns warst. Versprochen?«

»Versprochen, und nochmals vielen Dank, Schwester, Shalom.«

»Shalom, mein Junge, und viel Glück.«

Oben auf der Straße, kurz vor der Siedlung, taucht ein Auto mit israelischem Nummernschild auf. Steig nie in ein Auto mit Westbank-Nummer ein, hat ihm Vater gesagt. Jossi winkt. Das Auto hält an.

»Bitte, fahren Sie nach Jerusalem?«

»Steig ein«, sagt der Fahrer, »wohin willst du denn in Jerusalem? Sag mal, was machst du überhaupt hier so ganz alleine und dann noch in der Westbank? Hast du keine Angst?«

Jossi hatte keine Lust zu reden, ihm ist sowieso die Kehle wie zugeschnürt, wenn er an Hassan denkt.

»Bitte fragen Sie mich nicht«, sagt er.

»Okay, okay, schon gut, sag mir die Adresse deiner Eltern, dann setz' ich dich zu Hause ab. Scheinst 'n Problem zu haben. Hast Glück gehabt, daß du mich getroffen hast. Normalerweise kommen am Sabbat hier kaum Autos vorbei. Hier wohnen fromme Juden. Mann, so ganz alleine in der Westbank, wenn du mein Sohn wärst... Aber wenn du lieber nicht reden willst. So, da wären wir, Shimonistraße.«

Jossi läutet. Niemand öffnet.

Was nun? Zu Großvater laufen, das ist ihm zu weit.

Jossi setzt sich auf die Treppe und wartet.

Vielleicht sollte er Großvater anrufen. Sicher sind die Eltern dort. Ja, ganz sicher. Er wird anrufen. Jossi geht runter zur Telefonzelle. Er sucht nach einer Telefonmünze, findet keine. Ein Mann kommt vorbei. Jossi bittet ihn um eine Telefonmünze. Er wählt Großvaters Nummer. Großvater will zwar am Sabbat telefonisch nicht gestört werden, aber sie haben ein Zeichen für Notfälle vereinbart. Und dieses ist ganz klar ein Notfall, denkt Jossi.

Er läßt zweimal läuten und hängt auf. Wählt noch einmal, läßt zweimal läuten, hängt auf. Beim dritten Mal ist Großvater gleich dran: »Wo brennt's denn?

»Ich bin es, Saba. Sind Ima und Aba bei dir? Ich stehe auf der Straße.«

»Armes Kind, brauchst nicht mehr lange auf der Straße zu stehen, sie sind schon auf dem Wege. Gibt's was? Ist was passiert?«

Schweigen auf der anderen Seite, dann Schluchzen.

»Ja, Saba, es ist was Schlimmes passiert. Ich kann es dir jetzt nicht am Telefon sagen, ich bin ganz durcheinander.«

»Nun gut, ich rufe nachher bei euch an. Dein Vater wird es mir dann erzählen. Ich hoffe, es ist nicht so schlimm, wie du glaubst.«

»Doch, Saba, Hassan, Hassan ist vielleicht tot«, und bevor Großvater etwas sagen kann, hat Jossi den Hörer aufgelegt.

Jossi geht zurück und setzt sich auf die Treppe vor der Wohnung der Eltern. ›Wenn nun Hassan tot ist‹, denkt er.

Dann wird er nach Amerika gehen. Aber bei dem Gedanken wird er gleich noch trauriger. Wo doch in Chicago Hassans Onkel Felafel verkauft. Da hört er Schritte.

»Nanu, der Sohn schon zurück. War aber ein kurzer Ausflug«, sagt Vater, und Mutter spürt instinktiv, daß etwas passiert ist.

Vater sperrt die Tür auf. Sie gehen hinein. Jossi geht sofort auf sein Zimmer. Die Eltern kommen nach. Mutter setzt sich neben ihn aufs Bett. »Erzähl, was ist passiert?«

Sie streichelt ihm über den Kopf. Sie hat Blut an der Hand, schaut erschrocken auf Jossis blutverklebtes Haar.

»Was ist passiert?« ruft Vater mit drängender Stimme. »Nun erzähl schon. Warum blutest du am Kopf? Hat man einen Stein nach dir geworfen? Ich wußte es ja, ich wußte es.« In Vaters Augen ist ein Ausdruck des Erschreckens.

»Hassan, Hassan«, schluchzt Jossi, »sie haben ihn erschossen, in Hebron, unsere Soldaten. Jetzt ist er vielleicht schon tot.«

»Moment mal«, sagt Vater, »sie haben was in den Nachrichten gesagt von einer Frau, die einem Soldaten die Kehle durchschneiden wollte. Man sagte, sie wurde auf der Stelle erschossen. Man sprach auch von einem Jungen, der bei der Frau gewesen sein soll. Dann hat Hassans Mutter den Soldaten umbringen wollen?«

»Unmöglich«, sagt Mutter bestimmt. »Stell dir vor, die Tochter heiratet, da wird doch die Mutter an dem Tag keinen Mord begehen. Außerdem sagte man, die Frau sei psychisch gestört gewesen.«

»Und in Kubeibe haben sie dich gleich als Israeli erkannt«, Vater ist jetzt auch das Loch im Kopf klar.

Uzi kommt. Vater geht zur Tür und erzählt ihm, was passiert ist. Und Uzi ruft sofort in Hebron bei seiner Einheit an.

»Der Junge«, so berichtet ihm sein Kamerad, »der Junge hatte Pitta gekauft, war wohl 'ne Hochzeit in der Nähe, er hatte einen ganzen Sack Pitta. Erst habe man geglaubt, es sei der Sohn der Frau. Später habe sich herausgestellt, daß der Junge nicht dazugehörte. Bedauerlicher Unfall. Vielleicht hat auch die Frau gewartet, bis der Junge kommt, als Schutz sozusagen. Hat vielleicht geglaubt, man würde dann nicht auf sie schießen. Man hat sie erschossen. Sie war sofort tot. Schreckliche Geschichte. Der Junge tut mir leid, ist Gott sei Dank nicht schwer verletzt.«

Uzi erzählt dem Kameraden nicht, daß sein Bruder mit dem Jungen befreundet ist, besser nicht, denkt er.

»Ich kann dich beruhigen«, wendet er sich an Jossi, »dein Freund wird's überstehen, ist nicht schwer verletzt.«

»Und wer war die Frau, waren sie verwandt?« will Mutter wissen.

»Nein, war 'ne Verrückte. Der Mann im Gefängnis, zu Hause sechs Kinder. War ein klarer Fall von Notwehr«, sagt Uzi, »ich hätte auch geschossen.«

»Aber du hättest auf keinen Unschuldigen geschossen«, heult Jossi.

»Ihr könnt euch ja nicht vorstellen, wie das in so einer Situation ist. Das sind Bruchteile von Sekunden, in denen du entscheiden mußt. Der Junge hätte ja auch ihr Komplize sein können, weiß man's? Araber sind unberechenbar«, Uzi ist sehr erregt.

»Der arme Hassan«, sagt Mutter, »schicken sie ihn Brot kaufen, und er kehrt nicht mehr zurück. Was die Mutter jetzt durchmacht, der Junge schon wieder im Krankenhaus.«

Und dann sagt sie entschlossen: »Morgen früh gehen wir ins Krankenhaus. Ich bin sicher, sie hat die ganze Nacht am Bett ihres Kindes gewacht. Ich werde ihr etwas zu essen bringen, mit ihr reden, von Mutter zu Mutter.«

»Glaubst du, die lassen dich zu ihm?« fragt Vater skeptisch.

»Ich gehe mit«, ruft Jossi.

»Jossi, du mußt morgen zur Schule«, bestimmt Vater.

»Du glaubst doch nicht, daß er fähig ist zu lernen, so durcheinander wie er ist«, ergreift Mutter für Jossi Partei. »Morgen früh fahren wir alle ins Krankenhaus.«

Sie fragen in der Unfallstation nach Hassan Nasser Eldin. Dann stehen sie vor seinem Zimmer. Mutter öffnet die Tür und schaut rein. Eine Krankenschwester erscheint.

»Wen suchen Sie?« fragt sie.

»Hassan Nasser Eldin. Er wurde vorgestern eingeliefert mit einer Schußverletzung«, antwortet Vater.

»Er liegt dort hinten am Fenster. Aber er hat einen schweren Schock. Sind Sie mit ihm verwandt?«

»Ich bin sein Freund«, sagt Jossi.

Die Eltern von Hassan sitzen an seinem Bett und auch Nader. Er sieht sie und kommt zu ihnen an die Tür.

»Shalom, es geht ihm nicht gut, aber hamdullilah, er wird wieder gesund. Sprechen könnt ihr nicht mit ihm, er reagiert kaum.«

»Wir sind auch hier, weil uns das Ganze sehr leid tut, wir wollten, daß ihr es wißt. Und deiner Mutter habe ich Essen mitgebracht, sicher hat sie die ganze Nacht bei ihm gewacht«, sagt Mutter.

Sie stehen immer noch alle an der Tür, wagen es nicht, zu den Eltern, zu Hassans Bett zu gehen.

Nader winkt den Eltern.

Sie stehen auf und gehen zur Tür.

»Es tut uns schrecklich leid, was vorgestern passiert ist«, wiederholt Mutter, und sie drückt dabei die Hand von Hassans Mutter.

»Ima, sie versteht doch kein Hebräisch.«

Vater wiederholt noch einmal auf arabisch.

Mutter holt aus einer Tüte eine Schüssel und eine Feldflasche.

»Tee« sagt sie: »Chai.«

Hassans Mutter nickt, sie ist verwirrt, weiß nicht, wie sie reagieren soll.

Vater spricht inzwischen mit Hassans Vater. »Hassan ist uns wie ein Sohn, er war bei uns zu Hause. Wir haben ihn sehr gern. Wir fühlen uns verantwortlich. Wir möchten helfen, verstehen Sie.«

Vater reicht ihm einen Zettel mit seiner Anschrift vom Büro und von zu Hause und den Telefonnummern.

»Ist schon gut«, sagt Hassans Vater, und er drückt Jossis Vater die Hand und streicht Jossi über den Kopf. Der Mutter nickt er kurz zu. »Kommt in ein paar Tagen wieder, dann geht es ihm schon besser.«

»Inshallah – so Gott will«, flüsterte Hassans Mutter.

Sie verabschieden sich. Jossi wirft einen Blick rüber ins

Zimmer, rüber zu Hassans Bett. Vielleicht sieht er mich, denkt er. Er lächelt ihm aufmunternd zu und winkt.

»Shalom, Hassan, ich komme morgen wieder.«

11

Hassan erholte sich nur langsam, obwohl die Ärzte im israelischen Krankenhaus sich alle Mühe gaben und die Schwestern ihn verwöhnten. Die Wunde am Kopf heilte, aber die Schmerzen im Kopf, die blieben und auch die schlimmen Träume in der Nacht. Die Schußverletzung hinterließ eine häßliche Delle, die von den nachwachsenden Haaren langsam verdeckt wurde. Fast täglich kamen die Eltern ins Krankenhaus und manchmal auch die Geschwister, obwohl es immer eine halbe Tagesreise von Kubeibe nach Ein Karem war. Auch Jossi besuchte ihn hin und wieder. Mit lustigen Geschichten versuchte er den Freund aufzuheitern. »Weißt du noch die Sache mit dem Esel? Der Alte wollte ihn uns doch glatt abkaufen.« Hassan verzog den Mund zu einem müden Lächeln. Jossi spürte, daß sich der Freund verändert hatte, und es fiel ihm immer schwerer, sich zu einem Krankenhausbesuch aufzuraffen. Er war erleichtert, als er eines Tages erfuhr, daß Hassan entlassen wurde. ›Jetzt wird er sicher bald bei Nader auftauchen, und wenn er ganz gesund sein wird, dann werden wir unsere Streifzüge durch Jerusalem wiederaufnehmen‹, so dachte Jossi, doch dann kam alles ganz anders.

Es war November, als Hassan zurück ins Dorf kam. Nichts schien sich verändert zu haben. Alles lief seinen gewohnten Rhythmus. Die Olivenernte war üppig, die Preise gut. Man war zufrieden. Die Herbstregen setzten früher als gewöhnlich ein. Die Oliven- und Feigenbäume hatten eines Morgens ganz blankgeputzte Blätter und auch die Kakteenhecken wurden von ihren dicken Sommerstaubschichten befreit. Alles atmete auf nach dem langen heißen Sommer. Hassan stand oft am Fenster und beobachtete die Regenwasserbäche vor dem Haus und die Kinder, die vergnügt durch die Pfützen in den Schlaglöchern der ungepflasterten Dorfstraße tapsten. Hassan war sehr still geworden, und nichts schien ihm mehr Spaß zu machen, auch die Schule nicht. Ganz selten besuchte er nach der Schule den Bruder in seinem Laden in der Via Dolorosa.

Nader hatte inzwischen sein Warensortiment gewechselt. Statt der Kamele füllten nun unzählige Heilige Familien die Regale. Maria und Josef aus Olivenholz geschnitzt, dazu die Hirten und die Heiligen Drei Könige. Besonders groß war die Auswahl an Eseln, Ochsen und Schafen. Betlehem, so dachte Nader, ist schließlich ein reiches Dorf. Auf einem extra Tisch wurden die Jesuskinder präsentiert. Es gab sie in allen Größen. Nader erwartete das große Weihnachtsgeschäft. In diesem Jahr sollten mehr Touristen anreisen als in den Jahren zuvor, so hatte er gehört. Doch dann kam alles anders. Der Dezember nahte mit dem christlichen Advent und dem jüdischen Chanukka-Fest. Die Vorweihnachtszeit spürte man jedoch nur in den Kirchen Jerusalems und in den Straßen von Arabisch-Jerusalem. Viele Geschäfte in der Saladinstraße waren mit bunten Glühbirnenketten geschmückt, andere hatten ein »Happy Christmas« auf ihre Schaufenster gesprüht. Und die christlichen Araber besorgten ihre Weihnachtseinkäufe. In West-Jerusalem feierten die Juden ihr Lichterfest.

Es ist der erste Abend von Chanukka. Jossis Familie feiert ihn zu Hause. Großvater Zwi und Großmutter Rivka, die Eltern von Jossis Mutter, sind aus ihrem Kibbuz bei Tel Aviv gekommen. Vater hat einen Gast aus Deutschland eingeladen. Herr Schröder ist Journalist und möchte einmal Weihnachten in Betlehem erleben.

Jossi darf die erste Kerze am Chanukka-Leuchter anzünden. Großvater Zwi spricht die drei Segenssprüche: »Der uns geheiligt hat durch seine Gebote und befohlen hat, die Chanukka-Lichter zu entzünden. Der unseren Vätern in jenen Tagen Wunder tat. Der uns am Leben ließ, um diesen Feiertag zu erleben.« Dann stimmen sie alle ein Chanukka-Lied an. Und selbst Herr Schröder summt es mit, denn es hat dieselbe Melodie wie ein deutsches Adventslied.

»Wir Christen zünden vier Kerzen am Adventskranz an, jeden Sonntag eine. Sie haben neun Kerzen, wie kommt das?« fragt Herr Schröder.

Großvater erklärt in einem Gemisch aus Jiddisch und Deutsch: »Es sind acht Kerzen, die entzündet werden, die neunte Kerze ist der ›Shammash‹, der sogenannte Diener, mit dem wir die übrigen Kerzen anzünden. Und den Leuchter stellen wir ans Fenster. Das Licht soll nach draußen leuchten, um der Welt vom Wunder zu künden. Jeden

Tag strahlt das Licht heller, weil mit jedem Tag das Wunder größer wurde, denn das Öl wurde immer weniger. Und jetzt, Herr Schröder, sind Sie sicher neugierig und wollen wissen, um was für ein Wunder es sich da handelt und warum das Öl eine Rolle spielt? Nun, ich will es Ihnen erzählen.«

Orli verdreht die Augen und flüstert Jossi zu: »Jetzt kommt wieder so eine furchtbar lange Geschichte – und ich hab' solch einen Hunger –, warum erzählt er sie nicht nach dem Essen?«

Großvater schmunzelt zu Orli hinüber: »Weil deine Mutter mit dem Krapfenbacken noch nicht fertig ist.«

»Krapfen, also Ölgebackenes, gehört nämlich zum Chanukkafest dazu«, erklärt Vater Herrn Schröder.

Großvater räuspert sich, blickt reihum, und dann beginnt er zu erzählen:

»Das war also so. Als die heidnischen Griechen über unser Land und unsere Heilige Stadt herrschten – das war noch vor den Römern –, da hatten sie unseren Tempel entweiht. Ein paar tapfere Juden, unter ihnen Judas Makkabäus, der Tapferste, eroberten die Stadt und auch den Tempel zurück. Im Allerheiligsten des Tempels brannte noch die ewige Lampe. Aber es war nur noch wenig Öl da. Um neues Öl zu machen, brauchte man acht Tage. Und da geschah das Wunder, denn die paar Tropfen Öl reichten ganze acht Tage. Jetzt wissen Sie, warum es acht Lichter sind.«

»Ja«, sagt Herr Schröder, »das ist wirklich eine sehr interessante Geschichte.«

Und dann kam Mutter endlich mit den Krapfen. Es

wurde ein fröhlicher Abend. Sie sangen die Chanukka-Lieder, tranken Tee, aßen die Krapfen. Orli stopfte sich einen Krapfen nach dem anderen in den Mund, und so mußten die anderen auf Orlis Stimme verzichten.

»Orli quakt ohnehin wie ein hungriger Frosch«, neckte Großvater. Und Orli blieb vor lauter Empörung ein Stück Krapfen im Hals stecken. Herr Schröder verabschiedete sich, und man verabredete sich für den Mittag des 24. Dezember, denn Herr Schröder wollte endlich Betlehem sehen.

12

Aber dann kam alles anders. Dann kam die Intifada. Intifada wurde ein neues Wort; sprachen es die Palästinenser aus, dann wurden sie ganz euphorisch. Die Israelis hatten bei dem Wort ein ungutes Gefühl. Schon oft hatten sich die Palästinenser gegen die Israelis erhoben. Aber dieses Mal wollte der Aufstand nicht mehr aufhören. Die Intifada – der Aufstand – machte auch Herrn Schröder einen Strich durch seinen Bericht über die »Stille Nacht, die heilige Nacht in Betlehem«. Denn weder das Heilige Land noch die heiligen Städte Jerusalem und Betlehem konnte man noch als still bezeichnen.

Eines Tages kommt Nader ganz aufgeregt nach Kubeibe. »Jerusalem – El Kuds brennt!« ruft er, und in seinen Augen ist ein unheimliches Leuchten.

»Rede keinen Unsinn«, sagt sein Vater, den man Abu Nader, nach seinem ältesten Sohn, nennt. »In den Nachrichten haben sie noch nichts gesagt.«

»Ich sage es, wie es ist, ich war dabei. Ich komme doch gerade aus El Kuds.«

Und die Mutter flüstert erschrocken: »Der Allmächtige steh uns bei.«

»Der Allmächtige«, Nader lacht, »es sieht ganz so aus, als sei der Allmächtige diesmal auf unserer Seite. Ihr hättet mal sehen sollen, wie wir sie mit unseren Steinen in die Enge getrieben haben. Schwerbewaffnet zogen sie gegen uns los. Unsere Waffe, die Steinschleuder, und sie antworteten mit Hartgummigeschossen, mit Knüppelhieben, mit Tränengas. Aber gegen ihr Tränengas ließ der Allmächtige die Zwiebel wachsen. Das hättet ihr mal erleben sollen. Die Frauen brachten uns Zwiebeln, die wir uns dann vors Gesicht hielten, um uns vor Augenverätzungen zu schützen. Wir haben ihre Banken gestürmt, haben alles rausgeholt, was brennbar war. Das wurden Feuerchen! Und dann die brennenden Reifen. Schwarzer Rauch stand den ganzen Tag über der Altstadt und der Saladinstraße. Oh, das hättet ihr sehen sollen.«

»Das wird schlimm enden, das sage ich dir, mein Sohn. Sie waren immer die Stärkeren, denn sie haben die stärkeren Waffen, und sie werden die Stärkeren bleiben.«

Und Naders Mutter, die man Umm Nader nennt, hört nicht auf, den Schutz des Allmächtigen herbeizurufen.

»Ihr macht euch und uns unglücklich«, sagt Naders Vater. »Sie werden unsere Häuser sprengen, euch alle einsperren und euch dann aus dem Lande jagen.«

Und Umm Nader fängt wieder an zu jammern und zu klagen. Das macht Nader wütend, und er geht auf sein Zimmer.

Als Eli Ben Jakov mit seinem Sohn Jossi und seinem Gast aus Deutschland nach Betlehem hinauffahren, werden sie auf halbem Weg gestoppt. Die Stadt ist an diesem Tag für Autos gesperrt. So laufen sie zu Fuß hinauf zum Krippenplatz vor der Geburtskirche. Eine dichte Wolkendecke liegt über der hochgebauten Stadt. Es nieselt, und es ist eiskalt. Nicht nur das Wetter ist ungemütlich, auch die Atmosphäre in der Stadt, in der vor fast zweitausend Jahren Jesus Christus geboren wurde. Die Stadt wirkt wie eine militärische Festung. Überall Soldaten. Auf den Dächern der Häuser, in Hubschraubern über der Stadt kreisend und an den Checkpoints, vor denen sich lange Menschenschlangen bilden und warten, endlich abgefertigt zu werden. Die Soldaten kontrollieren streng, denn immer haben sie Angst vor Anschlägen.

»Auch damals, als euer Jesus geboren wurde, war Betlehem eine besetzte Stadt«, sagt Jossis Vater. »Die römischen Besatzer beorderten in der Regierungszeit ihres Kaisers Augustus den Juden Josef und seine Braut Mirjam aus Nazaret zur Volkszählung nach Betlehem. Josef kam aus der Stadt, in der König David geboren wurde. Und das Kind von Mirjam und Josef, Jeshua, so heißt Jesus auf hebräisch, das wurde in einer Höhle geboren, denn alle Herbergen waren seinerzeit ausgebucht. Die frühen Christen verehrten die Grotte als Geburtsort des Gottessohnes. Aber den römischen Kaiser, den ärgerte das, und er machte aus der schlichten Grotte eine Kultstätte für Adonis, einen römischen Gott. Doch die Tradition lebte weiter. Und so wird bis auf den heutigen Tag hier in Betlehem die Geburt Jesu gefeiert. Gleich dreimal sogar. Ja«, betont Eli Ben Jakov, »am 24. Dezember feiern die römisch-katholischen Christen, am 6. Januar die griechisch-orthodoxen Christen und am 18. Januar die Armenier. So gerät keiner dem anderen in die Quere. Auch hier in der Geburtskirche, wie in der Grabeskirche, hat jeder seinen Platz und seine Gebetszeit.«

Es ist zwei Uhr nachmittag. Trommelwirbel und Dudelsackpfeifen kündigen die Prozession der palästinensischen Pfadfinder an, die den Patriarchen zur Kirche geleiten. Dem Zug voran marschiert ein Weihnachtsmann in Stiefeln und roter Zipfelmütze. Herr Schröder schaut irritiert. »Den habe ich hier am wenigsten erwartet«, meint er kopfschüttelnd.

Die Prozession mit dem Patriarchen, den Priestern, den Patres und den Meßdienern bewegt sich unter Glockengeläute in Richtung Geburtskirche. Eine niedrige Pforte ist der Eingang zu dem wuchtigen festungsartigen Bau. Die Kirchenmänner müssen sich tief bücken, um durch die Pforte in das Innere der Kirche zu gelangen. Herr Schröder wundert sich über den winzigen Eingang.

»Ja, da gibt es verschiedene Erklärungen«, sagt Eli Ben Jakov. »Die Christen sagen, es sei der Demut wegen, die die Menschen vor dem göttlichen Kinde zeigen sollten. Die israelischen Fremdenführer sehen das nüchterner. Früher zur Zeit der Türken wollten die Christen verhindern, daß die wilden Krieger samt Roß und Reiter in die

Kirche stürmten. Es ist übrigens die älteste Kirche des Landes, und es grenzt an ein Wunder, daß sie noch steht. Als die Perser nämlich im 7. Jahrhundert Palästina überfielen, zerstörten sie alle Kirchen. Nur diese ließen sie stehen, denn zu ihrer Verwunderung entdeckten sie ein Mosaik mit drei prächtig gekleideten Herrschern. Die Perser hielten die Drei Könige für Landsleute und respektierten sie.«

Der Regen hat aufgehört. Aus den Gassen kommen aufgeputze Kinder an der Hand ihrer Väter, ebenfalls im Sonntagsstaat. Manche der kleinen Buben sind als Franziskaner gekleidet, andere schreiten als kleine Generäle daher, in der Hand den Stab mit rosa Zuckerwatte.

»Bitte, Aba, kauf mir auch rosa Zuckerwatte«, bettelt Jossi. Dann setzen sie sich in das »Christmastree Cafe« und bestellen heißen Tee mit Salbei. Gleich nebenan steht der riesige Weihnachtsbaum, geschmückt mit grellbunten Girlanden, mit einem großen Stern und mit Fußbällen.

»Nun, die Orientalen haben wohl eine andere Vorstellung von Weihnachtsbaumschmuck«, sagt Herr Schröder kopfschüttelnd.

Unter den Arkaden, vor den Souvenirläden am gegenüberliegenden Ende des Platzes, setzen sich Jugendliche auf den Boden. Einer hat eine Gitarre dabei, und ihr fröhliches »Jingle bells« mischt sich mit dem aus dem Lautsprecher dröhnenden »Silent night, holy night«. Der Platz vor der Kirche ist menschenleer. Nur die Aufnahmewagen von Rundfunk und Fernsehen stehen dort bereit für die Übertragung der Mitternachtsmesse in die ganze Welt.

Herr Schröder möchte einen Blick in das Innere der

Kirche werfen. Und so gehen auch sie durch das niedrige schmale Tor und betreten die hohe düstere Basilika mit den unzähligen Säulen. Rechts vom prächtigen Altar der Griechen führt eine schmale steile Treppe zur Geburtsgrotte hinunter. In der von vielen Öllämpchen erleuchteten Grotte hockt eine Gruppe weißgekleideter Nonnen und singt Weihnachtslieder in französischer Sprache. Vor dem blankgesputzten Stern, der die Stelle markiert, wo der Jesusknabe geboren sein soll, kniet eine alte Araberin. Immer wieder beugt sie sich vor und küßt voll Inbrunst den silbernen Stern.

Draußen auf dem Krippenplatz verabschieden sich Jossi und sein Vater von Herrn Schröder, der bis zur Mitternachtsmesse bleiben will. Im strömenden Regen fahren sie zurück nach West-Jerusalem. Hier ist keine Spur von einem christlichen Weihnachten.

Zu Hause hören sie dann in den Nachrichten von den schlimmen Unruhen in Gaza, Hebron, Nablus und in den Flüchtlingslagern. Und daß in diesem Jahr nur wenige christliche Pilger ins Heilige Land gekommen seien. Und der Regierungssprecher wünscht im Namen der Regierung den Christen des Landes und den christlichen Pilgern ein friedliches Weihnachtsfest.

Der nächste Tag ist Freitag, Jossi und sein Vater holen Herrn Schröder von seinem Hotel in West-Jerusalem ab. Zusammen gehen sie dann in die Altstadt. Auch hier wie in Betlehem strotzen Gassen und Dächer von Polizisten und Soldaten. Herr Schröder hat ein ziemlich ungemütliches Gefühl.

Dann, als sie vom Damaskustor her am Österreichischen Hospiz in die Via Dolorosa einbiegen wollen, laufen ihnen Soldaten entgegen. Sie tragen Helme, Gewehre und Schlagstöcke. Steine und Flüche fliegen den Soldaten hinterher. Am Ende der Straße bleiben sie stehen und schleudern ihre Tränengasgeschosse in Richtung der Steine schmeißenden Kinder. Dann plötzlich taucht aus einer anderen Gasse noch eine Gruppe von Kindern auf. Sie brüllen den Soldaten Parolen entgegen, und auch die Kleinsten spreizen die Finger zum Sieges-V.

»Palästina heißt unsere Heimat, nicht Israel. Wir sind klein, aber unser Herz gehört Palästina!« Sie brüllen es immer wieder, bis sich ihre Stimmen schrill überschlagen. Auch sie werden in Tränengaswolken gehüllt. In einer anderen Gasse werden Reifen verbrannt. »Wir befinden uns in einer Falle!« ruft Herr Schröder hysterisch. Aber trotz seiner Angst drückt er wie ein Besessener auf den Auslöser seiner Kamera. Jossi bekommt einen Hustenanfall. »Das verdammte Gas, das brennt vielleicht«, flucht er. Sie rennen rüber auf die gegenüberliegende Seite des Österreichischen Hospizes und stellen sich in den Eingang einer Jugendherberge.

Jetzt kehren die moslemischen Gläubigen vom Tempelberg zurück. Hunderte von Männern mit der Kefije um den Kopf geschlungen. Die Frauen, in palästinensischer Tracht, halten sich den weißen Schleier vor Mund und Nase.

»Allah möge uns von eurem Anblick befreien!« ruft eine der Frauen. Ein alter Mann nimmt seinen Krückstock hoch, zielt auf einen Soldaten »tacktacktack-tack...«, krächzt er, und seine Stimme zittert. Der Soldat grinst.

Ein Hund jault auf, von einem Stein getroffen. Jossi rennt raus, will schauen. Das Tränengas brennt in den Augen. Er weiß nicht, wo er hinrennt. Dann taucht plötzlich aus den Rauchschwaden ein Gesicht auf.

»Hassan!«

»Jossi!«

Hassan zieht Jossi schnell in einen Hauseingang. Denn jetzt fliegen ganze Steinkaskaden.

»Was machst du denn hier, Jossi?«

»Ach, weißt du, ich spiele Fremdenführer für einen Journalisten aus Deutschland. Ich glaube, daß ich das inzwischen gut kann.«

»Da hast du dir aber eine schlechte Zeit ausgesucht. Am Freitag ist nämlich der Imam oben auf dem Tempelberg gar nicht gut auf die Juden zu sprechen. Er redet so lange, bis die Leute eine schreckliche Wut im Bauch haben, und die lassen sie dann auf die Soldaten los. Also wirklich, am Freitag solltest du nie mehr in die Altstadt kommen, Jossi.«

»Aber der Freitag, das war doch immer unser Tag, Hassan. Weißt du nicht mehr?«

»Ja, sicher. Aber inzwischen ist viel passiert.»

»Ja, ich weiß.«

»Nichts weißt du, nicht das mit mir in Hebron meine ich. Ich meine die Intifada, unseren Aufstand. Bei uns reden alle nur noch davon. Und es gibt viele unter uns, die wollen mit Juden nichts mehr zu tun haben.«

»Willst du jetzt auch nichts mehr mit mir zu tun haben? Dann geh' ich lieber.«

»Quatsch, red keinen Blödsinn. Wir sind immer noch Freunde.«

»Dann können wir uns doch an einem anderen Tag mal sehen, nach der Schule«, sagt Jossi, jetzt etwas kleinlaut.

»Schuuuuule, ich hör' wohl nicht richtig. Bei uns gibt es keine Schule mehr, die Militärs haben die Schulen geschlossen, um uns zu bestrafen.«

»Aber wenn du keine Schule hast, was machst du denn den ganzen Tag?« fragt Jossi.

»Ich mache mit bei der Intifada. Jeder macht mit. Wir müssen den Besetzern zeigen, daß wir keine Angst mehr vor ihnen haben. Hier, schau dir mal die Steinschleuder an, hab' ich selber gemacht. Toll nicht? Jetzt muß ich den anderen auch so Steinschleudern basteln.«

»Na und, hast du schon mal einen Soldaten damit getroffen?«

»Klar, hab' ich schon damit getroffen«, brüstet sich Hassan.

»Mein Bruder Uzi«, sagt Jossi, »der ist jetzt im Dehaische-Flüchtlingslager eingesetzt. Er hat auch schon Steine abbekommen.«

Mit einem Schlag wird Jossi bewußt, daß sie die Intifada jetzt zu Feinden gemacht hat. Jossi fühlt sich ausgeschlossen bei diesem Aufstand. Hassan darf den Helden spielen und fühlt sich anscheinend großartig, Steine auf israelische Soldaten zu schmeißen. ›Eine beschissene Situation‹, denkt Jossi.

»Mach nicht solch ein Gesicht, ich sage dir doch, wir

bleiben Freunde. Ich hab' nichts gegen Juden, nur gegen eure Regierung und gegen eure Soldaten, na ja, ausgenommen dein Bruder, auf den werde ich auch keine Steine schmeißen«, sagt Hassan großspurig. »Wenn du an meiner Stelle wärst, dann würdest du dich auch nicht drücken, oder?«

»Ich weiß nicht. Aber können wir uns nicht doch mal sehen, bei deinem Bruder Nader im Laden vielleicht? Ich werde öfter mal vorbeischauen. Ich will doch wissen, wie das so läuft mit eurer Intifada. Versprich mir, daß du mich nicht wegschickst, wenn ich bei Nader auftauche.«

»Natürlich nicht. Aber du mußt wissen, wir haben jetzt oft Generalstreik, dann sind die Läden geschlossen, und es gehen auch keine Busse. Aber das erfährst du aus dem Radio. Ich muß jetzt gehen, Jossi. Sei nicht traurig.«

Vater und Herr Schröder laufen ihnen über den Weg, den Schal vor den Mund gepreßt.

»Na so was, der Hassan, daß man dich auch mal wieder sieht und ausgerechnet hier. Was macht dein Kopf? Ich hoffe, es ist alles verheilt. Grüße bitte deine Eltern und deinen Bruder Nader und viel Glück.« Zu Herrn Schröders großer Überraschung macht Eli Ben Jakov das Sieges-V. Hassan grinst, grüßt zurück und verschwindet in der Menge, die in Richtung Damaskustor drängt.

»Wer war denn das? fragt Herr Schröder erstaunt.

»Das ist eine lange Geschichte, kommen Sie, wir flüchten ins American Colony Hotel, da werde ich sie Ihnen bei einer Tasse Kaffee erzählen.«

»Aber erst brauche ich einen Arrak«, stöhnt Herr Schröder, »den habe ich jetzt vor allem nötig.«

Das American Colony Hotel liegt in Arabisch-Jerusalem, unweit von der Saladinstraße. Herr Schröder findet es typisch orientalisch und ist entzückt von dem kleinen Innenhof mit einem kleinen Brunnen, umgeben von Blumenbeeten, Orangen- und Zitronenbäumchen. Die Tische sind fast alle besetzt. Überall sitzen Journalisten mit gezückten Blöcken oder Aufnahmegeräten und notieren, was ihnen ein Palästinenser mit wichtiger Miene über die Intifada erzählt.

Arabische Kellner in blütenweißen Jacken balancieren Tabletts über ihren Köpfen und steigen geschickt über Fotoausrüstungen, die überall herumstehen. Als es dunkel wird, drängt Eli Ben Jakov zum Aufbruch. Aber Herr Schröder will noch bleiben, will sich noch bei den Kollegen umhören. Eli Ben Jakov und Jossi verabschieden sich.

13

Die Intifada läßt sie auch daheim nicht los. In Mutters Küche ist Frauentreff. Man verfaßt Slogans für eine Demonstration gegen die Besetzung.

Vater steckt den Kopf zur Küchentür hinein: »Was ist denn heute euer Thema?« fragt er.

»Dreimal darfst du raten«, tönt es im Chor.

»Nein, nicht auch die Intifada.«

»Doch, die Intifada«.

»Und was ist mit dem Abendbrot?« fragt Vater schüchtern.

»Wir sind heute abend bei den Großelten«, sagt Mutter.

Dann kommt Uzi nach Hause. Er sieht sehr erschöpft aus. Er läßt sich in den Sessel fallen, das Gewehr wirft er von sich auf den Teppich.

»Wie war's heute?« fragt Vater.

Uzi gibt keine Antwort. Er hat den Kopf in die Hände gestützt und starrt auf den Teppich. »Wo ist Mutter? Kann mir mal jemand einen Kaffee machen?«

»Mutter ist in der Küche, die hat ihr Intifada-Meeting«, antwortet Jossi. »Ich mach' dir gleich einen Kaffee.«

»O nein, nicht auch noch hier Intifada. Seid ihr denn alle intifada-infiziert? Ich für meinen Teil hab' die Nase voll. Ich kann das Wort Intifada nicht mehr hören, kann Intifada nicht mehr sehen. Mann, ihr habt ja keine Ahnung, wie das ist, Steine schmeißenden Kindern nachzujagen, die Verachtung der Frauen zu spüren, die vor dir ausspucken, die ihre Rotznasen anfeuern, eine gutausgebildete Armee mit Steinschleudern zu bekämpfen. Manchmal komme ich mir direkt lächerlich vor. Ist es da ein Wunder, wenn man durchdreht? Mein Kamerad ist heute durchgedreht. Zwei Steppkes, vier, fünf Jahre alt, machen sich den Hosenlatz auf und pinkeln respektlos und frech unseren Jeep an. Der Rafi kriegt solch eine Wut, entsichert und zielt auf die Bengel. Ich schrei noch: ›Bist du wahnsinnig, laß den Quatsch!‹ Dann stell' ich mich vor die Rotznasen.«

»Und wenn er nun geschossen hätte?« fragt Vater erregt. »Wohin soll das bloß führen?«

»Wenn du zum Miluim – zum Reservedienst – gerufen wirst, glaubst du, bei dir wird es anders sein?«

»Ich hoffe, ich werde nicht in den besetzten Gebieten eingesetzt«, antwortet Vater. »Es gibt immer mehr Soldaten, die sich weigern, in die besetzten Gebiete zu gehen, die dafür sogar Gefängnis riskieren.«

»Und du, findest du das in Ordnung, Vater? Für mich wäre das das Ende einer Karriere, bevor man sie angefangen hat. Studienplatz, 'nen guten Job, das kannst du dann alles abschreiben.«

Mutter verabschiedet ihre Freundinnen und kommt ins Wohnzimmer. Sie stolpert über das Gewehr. »Wie sieht es denn hier aus? Kannst du deine Knarre nicht wegstellen?«

»Laß ihn zufrieden, er hat heute einen schweren Tag gehabt«, sagt Vater.

Mutter streicht Uzi übers Haar. »Entschuldige bitte. Macht euch fertig, wir wollen nicht zu spät zu den Großeltern kommen.«

»Geht allein«, sagt Uzi. »Ich bin todmüde, und außerdem habe ich keine Lust, mir das blöde Gequatsche von Onkel Jehuda anzuhören. Neulich hat er mir gesagt, er freue sich schon auf seinen Miluim und darauf, endlich die Araber fertigmachen zu dürfen. Das ist doch übel. So ein Gerede ertrag' ich einfach nicht mehr. Seid mir nicht böse, aber ich will lieber zu Hause bleiben.«

»Wie du willst«, sagt Mutter. »Ich werde dir schnell etwas zu essen machen.«

»Schade«, sagt Vater, »es ist so selten geworden, daß die Familie gemeinsam Sabbat feiert. Ich glaube übrigens nicht, daß Jehuda und Sara kommen werden, Großvater hat nichts erwähnt. Aber ich verstehe dich gut. Dann machen wir es uns eben morgen gemütlich.«

»Schon gut, Vater. Ich will nur eins – schlafen, schlafen, schlafen. Ich habe viel Schlaf nachzuholen. Jede Nacht Razzien durch die Häuser des Lagers. Das Geschrei der Kinder, die Flüche der Frauen, deren Männer in den Gefängnissen sitzen. Es ist verdammt schwer, immer den Besatzer heraushängen zu lassen. Immer mußt du ihnen zeigen, wer das Land regiert. Ich halte das einfach nicht mehr aus.«

Vater und Mutter trösten Uzi. Jossi kommt mit dem Kaffee. Dann machen sie sich fertig für den Sabbat bei den Großeltern. Uzi geht auf sein Zimmer.

Großvater Shmuel empfängt sie an der Tür. »Shabbat-Shalom.«

Großmutter Miriam hat den Tisch festlich gedeckt. In der Mitte stehen die beiden angezündeten Sabbat-Leuchter. Als sie alle am Tisch sitzen, segnet Großvater die beiden Sabbat-Weißbrote. Er schneidet eine Scheibe ab, streut Salz darauf und reicht sie Großmutter. Dann bekommen die anderen auch eine Scheibe Brot mit Salz. Jetzt wird der Wein gesegnet, und jeder erhält ein Glas, auch die Kinder. In einem Lied heißen sie alle die Braut Sabbat willkommen. Jossi und Orli freuen sich, es gibt ihr Lieblingsessen: Burekas mit Käse gefüllt und Fisch mit Mandeln und Reis und Fruchteis.

Als man beim Kaffee angelangt ist, klopft es an der Tür. Es sind Jehuda und Sara. »Wir waren auf einem Verdauungsspaziergang und dachten uns, wir schauen noch einen Sprung bei euch vorbei.«

»Shabbat-Shalom«, sagen sie und setzen sich.

›Jetzt ist es aus mit der Sabbat-Ruhe‹, denkt Eli Ben Jakov. Und tatsächlich, schon startet Onkel Jehuda eine seiner Attacken.

»Na, was habe ich dir gesagt, lieber Bruder? Die Araber werden uns eines Tages auf der Nase herumtanzen, wenn wir die Zügel nicht fester anziehen. Und siehe da, jetzt spielen sie Revolution. Intifada nennen sie es.« Triumphierend schaut Jehuda in die Runde. Keine Reaktion. Man ist entschlossen, sich nicht den Sabbat-Frieden rauben zu lassen.

»Und was ist deine Lösung?« fragt Eli den Bruder.

»Raus mit ihnen. Wir schicken sie alle miteinander rüber über den Jordan nach Jordanien, da, wo ihre Verwandten leben, denn da gehören sie hin.«

»Und wir besetzen endgültig Nablus, Ramallah und Hebron«, sagt Eli, und es klingt ziemlich gereizt.

»Aber sicher. Denn das biblische Israel, das ist nun mal Judäa und Samaria mit Hebron und Nablus, und nicht Tel Aviv und Haifa.«

»Da gebe ich Jehuda recht«, sagt Großvater, »denn dort ist wirklich das von Adonai verheißene Land. Aber meiner Meinung nach können wir uns mit den Arabern arrangieren, wir müssen sie doch nicht aus ihrer Heimat vertreiben.«

Es wurde noch eine heiße Diskussion und hätte nicht Großmutter Saras automatische Sabbat-Uhr um elf das Licht ausgemacht, sie wären am Morgen noch dagesessen. Aber da am Sabbat das Licht anzünden ganz streng verboten ist, tasteten sich alle nach den Mänteln und zur Tür. Man wünschte sich eine gute Woche.

Der Funke aus Gaza, der auf Nablus, Hebron, Ramallah, Jerusalem und die Flüchtlingslager übergesprungen war, er hatte Kubeibe noch nicht getroffen. Zwar patrouillierten von Zeit zu Zeit Soldaten in Jeeps durch die Hauptstraße des Dorfes, aber die Dorfbewohner hielten sich zurück, forderten die Besatzer durch nichts heraus. Die Flugblätter, die eine anonyme Führung des Aufstandes herausgab, sie wurden natürlich auch in Kubeibe gelesen und die Anordnungen, soweit man es nicht für zu gewagt hielt, auch befolgt. Wir müssen wirtschaftlich von den Israelis unabhängig werden, stand da, und man sollte keine israelischen Waren mehr kaufen. Seidem rauchte Nader die teuren amerikanischen Zigaretten, und Hassan, Samir und Samia tranken Pipsi Cola, die in der Westbank von Arabern produziert wurde. Vater pflanzte im Garten Kohl an, um von den Juden unabhängig zu werden. Und Mutter züchtete Hühner für die Unabhängigkeit Palästinas. Nur die Hühner hatten noch nichts begriffen. Sie dachten nicht daran, für die Revolution mehr Eier zu legen.

Umm Nader schloß sich wie alle Frauen des Dorfes dem Frauen-Komitee an. Jede Woche hatten sie Versammlung. Gestern traf man sich bei Umm Fuad. Eine Krankenschwester kam aus El Kuds und lehrte sie alles über Erste Hilfe bei Knochenbrüchen, Tränengas und Schußverletzungen. Zu Hause legte Umm Nader einen Erste-Hilfe-Kasten an – für alle Fälle.

Dann eines Morgens hören sie eine gewaltige Explosion. Staubwolken steigen in den Himmel. Bis zum Hause der

Nasser Eldins hört man Schreie und die Schüsse, die der Explosion folgen. Dann hastet ein Mann die Dorfstraße entlang. Es ist Hussein aus dem Nachbardorf. Es ist ihm gelungen, sich durch die Armeesperre hindurchzuschleichen. Er berichtet, was passiert ist. In der Nacht habe man zwanzig Männer abgeholt, auch alte Männer – Vorbeugehaft hieß es. Heute früh sind sie dann gekommen und haben zwei Häuser gesprengt. Die Familien hätten noch nicht mal Zeit gehabt, Möbel und die dringendsten Habseligkeiten aus dem Haus zu holen.

»Warum tut ihr uns das an«, jammerten die Frauen, »was haben wir euch denn getan?«

»Ihr wißt schon warum«, antworteten die Soldaten.

»Und warum?« wollen die Leute aus Kubeibe wissen.

»Was weiß ich«, antwortet Hussein. Man hätte angeblich aus den Häusern Molotowcocktails auf die Armeepatrouillen geworfen. Man hätte Flugblätter bei einer Hausdurchsuchung gefunden.

»Hat sie jemand verpfiffen?« fragt Nader.

»Verflucht sollen sie sein, die uns das Leben verbittern«, jammert Umm Nader.

»Hört auf zu jammern«, sagt Nader entschlossen. »Laßt uns Barrieren bauen, schnell, ruft die anderen. Wir müssen sie hindern, durch unser Dorf zu fahren.«

»Allmächtiger, steh ihnen bei«, flüstert Umm Nader.

Als die Sonne über den Mauern des deutschen Klosters steht, ist die Barrikade fertig. Sie haben die halbe Klostermauer abgetragen. Die Steine der Mauer, Bettgestelle, ein alter Eisschrank, Autoreifen, Stacheldrahtrollen werden die Soldaten hindern, durch unser Dorf zu fahren. So jedenfalls glauben die jungen Kämpfer, die ihre Gesichter mit der Kefije vermummen und hinter den Häusern auf die Soldaten lauern.

»Du bleibst hier!« Umm Nader packt ihren Sohn Hassan am Arm. »Ist dir das Loch im Kopf noch nicht genug, willst du dich jetzt auch noch totschießen lassen? Ich flehe dich an, jüngster Sohn, höre einmal auf deine arme alte Mutter, bleib im Haus.«

Hassan reißt sich los. Er schämt sich wegen seiner Mutter und deren Gejammer. Wenn es nun die anderen hören. ›Wie kann sie erwarten, daß ich im Hause bleibe, wo doch alle, selbst die Mädchen, bei diesem Kampf mitmachen‹, denkt er wütend.

Hassan rennt auf die Straße. Er hockt sich lauernd hinter die halb abgetragene Mauer des Klosters. Dann hört er sie heranheulen. Soldaten springen aus den Jeeps, räumen die Steine weg, bahnen sich einen Weg. Dann wieder eine Barrikade. Brennende Reifen. Schwarzer Rauch steigt in den blauen Himmel. Aus einem Haus stürmt ein Junge. Er schwingt die palästinensische Fahne. »Falestin – Palästina!« brüllt er.

Schüsse zerfetzen die Luft und dann Schreie. Hassan hockt zitternd hinter der Mauer. Ein Soldat läuft dicht an der Mauer entlang. Hassan hört ihn atmen. Er nimmt einen Steinbrocken und schleudert ihn auf die Straße in die Richtung des Soldaten. Dann rennt er in den Garten der Schwestern. Er stolpert in ein Loch. Jemand packt ihn von hinten. Hassan wehrt sich. Er will sich losreißen. Der Soldat ist stark. Er schleppt ihn zu einem Wagen. Mit einem Fußtritt befördert er ihn hinein.

»Mutter!« schreit es aus Hassan. Die Angst macht ihn wieder ganz klein. Umm Nader hetzt heran, gebärdet sich wie eine Henne, der man ein Küken entrissen hat. Sie packt den Soldaten am Arm. »Hast du nicht gesehen, daß er noch ein Kind ist? Ein dummer Junge ist er. Er weiß nicht, was er tut. Hab Erbarmen mit einer alten kranken Frau. Oh, mein Herz, mein armes Herz erträgt diesen Kummer nicht.«

Der Soldat schüttelt sie ab.

Der Wagen füllt sich. Zu acht sind sie mit Hassan. Man bindet ihnen die Arme hinter dem Rücken zusammen. Den Kopf müssen sie nach unten halten. Die Augen werden ihnen verbunden.

Keiner wagt sich zu rühren. Einer hebt den Kopf und empfängt gleich eins mit dem Schlagstock.

Achmed räuspert sich. »Paßt bitte auf den Kleinen auf, er hat eine Schußverletzung am Kopf.«

»So, also wir sollen auf den Kleinen aufpassen. Warum hat er nicht selber auf sich aufgepaßt oder ihr oder seine Eltern?«

Achmed zischt einen Fluch durch die Lippen.

»Was hast du gesagt, wiederhole es laut, daß es alle hören.«

»Nichts habe ich gesagt.« Der Soldat schlägt wütend auf Achmed ein, bis dieser nur noch ein schwaches Wimmern von sich gibt.

Hassan hat Angst, furchtbare Angst, vor allem vor dem, was noch folgen wird. Er hatte gehört, was man den Gefangenen antut, um sie abzuschrecken, sich nicht mehr gegen die Israelis zu erheben. Die schrecklichsten Bilder fallen ihm ein. Wird er durchhalten, wird er die Schläge aushalten? Er hat solche schlimme Angst, und aus Angst macht er sich die Hose naß. Er schämt sich. Ein Held wollte er sein. Ein schöner Held, der sich in die Hose macht. Wenn es nun die anderen merken. Zum Heulen ist ihm zumute. Die Fahrt erscheint ihm endlos. Er hat Durst, und dann setzen wieder die Kopfschmerzen ein und die Angst, die Angst, die ihm die Kehle, das Herz und den Magen zuschnürt. Sterben will er in diesem Moment, nur noch sterben. Ya Allah, ist ihm schlecht. Als ob Achmed seine Gedanken ahnt, flüstert er ihm zu: »Sei tapfer, kleiner Held. Du hast es für Palästina, dein Land, getan. Ich bin stolz auf dich. Alle sind stolz auf dich. Deine Eltern, deine Geschwister, das ganze Dorf ist stolz auf dich. Man wird dich feiern, wenn du zurückkehrst.«

Aber Hassan fühlt sich nicht stolz, nur sehr unglücklich. Jeder wird es erfahren. Hassan Nasser Eldin hat sich aus Angst vor den israelischen Soldaten in die Hose gepinkelt.

Der Wagen hält mit einem Ruck, daß sie alle mit den Köpfen zusammenstoßen. Sie werden in eine Zelle geführt. Andere Gefangene sitzen auf dünnen Matratzen auf der Erde. Eine Neonlampe beleuchtet sie grell. »Achlan wa sachlan – seid herzlich willkommen!« rufen sie den Neuankömmlingen zu. »Macht's euch gemütlich«, sagt einer der Gefangenen. »Wir hätten euch gerne einen ordentlichen Empfang bereitet, mit allem Drum und Dran«, sagt er grinsend. »Ya Allah, ihr habt ja ein Kind dabei. Sperren sie jetzt schon Kinder zu uns?«

Hassan setzt sich auf eine der Matratzen neben Achmed

und nimmt sich eine Decke. Es stinkt furchtbar. In der Ecke steht ein Kübel und verbreitet üblen Gestand. ›So ist das also in einem Gefängnis‹, denkt Hassan, und dann rennt er zum Kübel und muß sich übergeben.

Die anderen, Machmoud, Fuad, Hussein, Achmed trösten ihn, so gut sie können.

»Denke daran, wenn du ins Dorf zurückkehrst. Du läufst erhobenen Hauptes durch die Straße. Du bist ein Held. Du hast dazu beigetragen, daß wir unserem Traum von einem eigenen Staat Palästina wieder ein Stück näher gekommen sind.« Die anderen versuchen sich in Euphorie zu reden. Nur Hassan bleibt auf der Erde. Er sitzt frierend auf seiner Decke.

Dann empfangen sie Mittagessen. Eine dünne Bohnensuppe. Wenigstens ist sie heiß, Hassan schlürft sie gierig.

Es wird Abend. Es wird Nacht. Draußen ist es es stockfinster. Sie hören den Ruf des Muezzins. Die Männer stellen sich auf zum Gebet. ›Zu Hause ruft jetzt auch der Muezzin‹, denkt Hassan. ›Ob sie wohl alle an mich denken, jetzt beim Abendbrot?‹

»Sie werden feststellen, daß er ein Kind ist, und werden ihn freilassen.« Mutter macht sich Mut und zu Nader gewandt: »Hättest du doch auf ihn aufgepaßt. Du bist geschickt, läßt dich nicht fangen. Aber der Hassan, der ist doch noch ein Kind und dann sein Kopf, sein armer Kopf.«

Umm Nader schickt ihre Klagen und Flüche gen Himmel zum Allmächtigen. Nader steht auf und geht.

»Wohin gehst du?«

»Ich habe das dumme Gefühl, daß sie uns heute nacht noch einmal einen Besuch abstatten. Ich versuche, mich nach El Kuds durchzuschlagen.«

Und bevor die anderen reagieren können, ist Nader verschwunden.

Die Angst vor den Soldaten läßt sie alle wachliegen. Und dann hört man sie. Vater schaut auf die Uhr. Es ist kurz nach zwei. Drüben beim Nachbarn, beim altem Abu Jussuf, hämmern sie an die Tür. Als dieser nicht öffnet, schießen sie in die Veranda. Glas splittert, Kinder schreien, Hunde bellen. Und dann folgt das herzzerreißende Jammern und Klagen von Abu Yussuf: »Sie haben meine Ziege erschossen!«

Die Soldaten rufen »Maalesh – nicht so schlimm!« Sie hatten sich in der Tür geirrt. So wurde Abu Yussufs Ziege Opfer eines Irrtums. Abu Jussuf, dessen drei Söhne im Ausland leben, war dem Aufruf gefolgt, Tiere zu halten. Und da er keinen Garten hat, hielt er sich die Ziege auf der Veranda und führte sie jeden Nachmittag hinunter zum Olivenhain. Abu Jussuf liebte seine Ziege sehr.

Die Soldaten nehmen drei Männer mit. Und unter dem wilden Fluchen der Frauen fahren sie aus dem Dorf hinaus.

Am nächsten Morgen in aller Frühe macht sich Umm Nader auf den Weg nach El Kuds. Sie weiß genau, wo sie hin muß. Jeder weiß es. Noch nie hat sie einen Fluß in das jüdische Jerusalem gesetzt. Aber sie ist entschlossen, sich ihren Jüngsten wiederzuholen, und so überwindet sie ihre Scheu vor der fremden Umgebung.

Das Polizeigefängnis von Jerusalem liegt gegenüber der

russischen Kirche, deren grüne Zwiebeltürme bis hinüber nach Arabisch-Jerusalem leuchten. Umm Nader ist nicht die erste, die gegenüber dem Gefängnis Aufstellung nimmt. Sieben Frauen stehen unter den Bäumen auf dem Kirchplatz, alle in ihrer palästinensischen Tracht. Umm Nader stellt sich zu ihnen. »Er ist noch ein Kind, mein Hassan«, sagt sie den anderen. »Vor ein paar Monaten haben ihm die Soldaten in Hebron ein Loch in den Kopf geschossen. Versehentlich hieß es. Und jetzt haben sie ihn in eines ihrer Foltergefängnisse gebracht. Sie nehmen uns unsere Kinder, unsere Männer, unsere Väter; der Allmächtige wird sie strafen.«

Eine junge Frau hat einen Säugling auf dem Arm. »Meinen Mann haben sie gestern nacht abgeholt. Ich weiß nicht, warum und wo sie ihn hingebracht haben, auch nicht für wie lange. Ich hoffe, ich erfahre es hier. Sie bringen die Gefangenen manchmal zuerst hierher und von hier in die anderen Gefängnisse des Landes. Manchmal bekommt man sie zu sehen bei ihrem Abtransport.«

Umm Nader holt einen Zettel aus der Tasche ihres Kleides. Es ist der Zettel mit der Telefonnummer von Jossis Vater. Sie hat ihn in einer Schale in der Vitrine aufbewahrt. Sie geht zu einer Telefonzelle und wählt die Nummer. Jossis Vater meldet sich. Umm Nader erzählt, was passiert ist. Er verspricht, sofort zu kommen.

Eli Ben Jakov entschuldigt sich bei den Kollegen, er müsse kurz weg, er habe eine wichtige Verabredung.

»Das ist ja eine schlimme Geschichte«, Jossis Vater schüttelt bekümmert den Kopf. »Ich werde versuchen zu erfahren, wo sie ihn hingebracht haben.«

Er geht hinüber zum Polizeigefängnis. Der Beamte, den er ausfragt, sagt nur, daß man viele Männer aus der Westbank jede Nacht brächte, manche hierher, manche gleich in andere Gefängnisse. Aber warum er denn das wissen wolle, ob er denn Rechtsanwalt sei? Jossis Vater verneint. Er will sich mit dem Beamten in keine Diskussion einlassen. Er fürchtet, seine Wut über Hassans Festnahme könne mit ihm durchgehen. Hassans Mutter wartet aufgeregt.

»Nichts, ich habe nichts erfahren können, Umm Nader. Ich werde mich bei der Militärbehörde erkundigen. Ich denke, wir sollten uns einen Rechtsanwalt nehmen, sollte er in ein paar Tagen nicht wieder draußen sein. Ich bin entsetzt, Umm Nader, daß man jetzt schon Kinder einsperrt. Ich will alles tun, um Hassan wieder freizubekommen.«

»Gott segne dich«, flüstert Umm Nader.

Vater kann sich kaum beherrschen, als er zu Hause von der Festnahme Hassans erzählt.

»Da müssen wir sofort etwas tun!« ruft Jossi.

»Mein Gott, der arme Junge«, sagt Mutter.

»Das hat er nun vom Steineschmeißen«, sagt Hanna spitz. Und Orli tönt: »Gestern hat Amos mit einem Stein nach mir geworfen und mich am Bein getroffen, kommt er jetzt auch ins Gefängnis?«

Vater erzählt auch von der Razzia in der vergangenen Nacht in Kubeibe, und daß sich die Männer jetzt verstekken wollen aus Angst vor neuen Verhaftungen. Kubeibe sei eigentlich ein friedliches Dorf, hatte Vater erfahren, aber man wolle zur Abschreckung Männer einsperren, von denen man glaube, sie könnten die anderen zur Unruhe anstiften.

Vorbeugehaft nennt man das. Aber Gefängnis ist schließlich Gefängnis.

»Da muß man doch etwas unternehmen«, sagt Mutter entschlossen. Sie setzt sich ans Telefon und ruft ihre Freundinnen an.

Wie verabredet, kommen Shula, Chaya, Chava und Rachel. Alle haben sie Schlafsäcke dabei, wie vereinbart. Vater nimmt sich für den Rest des Tages frei, und Hanna und Jossi waren ohnehin schon aus der Schule zurück. Alle wollen sie mitkommen, auch Orli. Gegenüber dem Damaskustor nehmen sie zwei Sammeltaxis nach Kubeibe.

In Kubeibe bleiben die Leute erschrocken stehen, als die freundlich grüßenden Israelis an ihnen vorübermarschieren.

Und Abu Jussuf, der gerade aus dem Fenster schaut, traut seinen alten Augen nicht, als er die Frauen mit den Schlafsäcken sieht.

»Daß uns Soldaten belagern, hat man ja schon erlebt. Aber jetzt belagern uns jüdische Frauen. Wohin soll das noch führen.«

Jossi geht voran. Er erinnert sich noch an das Haus der Nasser Eldins, obwohl die Erinnerung keine gute ist.

»Achlan wa sachlan«, ruft Abu Nader aus – »seid herzlich willkommen.« Und Umm Nader, die inzwischen aus El Kuds zurückgekehrt ist, will gleich türkischen Kaffee für alle kochen.

Abu Jussuf schaut neugierig zur Tür herein. Und die

Neugierde über die merkwürdige Friedensdemonstration der Israelis treibt auch die anderen Bewohner von Kubeibe ins Wohnzimmer der Nasser Eldins. Abu Nader schleppt Stühle an, und schließlich ist das Wohnzimmer brechend voll. Man radebrecht, in Arabisch die Juden und in Hebräisch die Araber. Aber man versteht sich.

Die Leute aus Kubeibe sind sichtlich gerührt über die Anteilnahme der Israelis. Und beide, Juden und Araber, fangen an über das zu sprechen, was sie bewegt. Die Palästinenser wollen ihren eigenen Staat, und die Juden wollen in ihrem jungen Staat endlich in Frieden leben. Von Kompromissen ist da die Rede und, daß beide etwas aufgeben müssen für den Frieden.

»Wir Israelis müssen die Gebiete aufgeben, die wir im Sechs-Tage-Krieg besetzt haben«, sagt Eli Ben Jakov. »Und ihr euren Traum von ganz Palästina. Wir müssen uns das Land teilen. Ihr wollt endlich über euch selbst bestimmen, und wir wollen endlich ohne Angst vor den Bombenanschlägen eurer Freiheitskämpfer leben. Mein Sohn Uzi ist Soldat. Aber glaubt mir, er trägt nicht gerne die Uniform und schon gar nicht das Gewehr. Aber er ist Soldat, um unser Überleben zu garantieren, denn ihr laßt uns nicht immer in Frieden leben. Ja, ich weiß, unsere Regierung euch auch nicht. Und leider gibt es fanatische Israelis, besonders unter den jüdischen Westbank-Siedlern, die euch das Leben schwermachen, die euch am allerliebsten in Jordanien sehen würden und nicht als ihre Nachbarn.«

Die Leute aus Kubeibe hören Eli Ben Jakovs langer Rede geduldig zu und nicken. Ein Junge ruft: »Israel – Palästina, zwei Völker – zwei Länder.« Und alle stimmen in den Ruf ein. Dann kommt Umm Nader mit dem türkischen Kaffee, und eine Nachbarin bringt süßen Kuchen.

Nun hören die Israelis den Palästinensern aufmerksam zu:

»Im eigenen Land sind wir Ausländer. Die Regierung, die wir nicht gewählt haben, weil wir nicht wählen dürfen, sie bestimmt über unser Leben. Sie kontrolliert uns, sie bestraft uns, sie nimmt uns Land weg, um damit Straßen zu ihren Siedlungen zu bauen. Sie läßt uns Sklavenarbeit tun, die kein Israeli anpacken würde, für ein paar lumpige Schekel. Und immer haben wir geschluckt. Jetzt schlucken wir nicht mehr. Jetzt wehren wir uns. Jetzt schütteln wir den Besetzer ab.«

Nader hat seine Rede beendet, und alle schweigen. Ein rhythmisches Trommeln ertönt aus einer Ecke des Raumes. Eine Frau fängt leise zu singen an. Sie singt ihre eigenen Lieder. Lieder über die Olivenbäume am Rande des Dorfes, über die sanften Hügel von Judäa und Lieder über die Intifada. Alle klatschen im Takt mit.

Hier im Wohnzimmer der Nasser Eldins haben Israelis und Palästinenser an einem Nachmittag im Januar des ersten Jahres der Intifada miteinander Frieden geschlossen.

Die Schlafsäcke werden an die jungen Männer verteilt, die sich damit die nächsten Nächte in die Berge verziehen werden.

Mit einem guten Gefühl begeben sich die Israelis auf den Weg zurück nach Jerusalem. Die Leute aus Kubeibe winken ihnen nach, und die Kinder machen das Siegeszeichen.

14

Jossis Vater hatte sich bei einer Rechtsanwältin über die Freilassung Hassans erkundigt. Das sei äußerst kompliziert, erklärte diese. Die Militärbehörden würden keine Listen über die inhaftierten Palästinenser führen. Man solle erst einmal abwarten, ob Hassan nach acht Tagen wieder entlassen würde.

Es ist Freitag, der neunte Tag nach der Festnahme Hassans.

Am Nachmittag betritt ein Soldat die Zelle und ruft Hassans Nummer auf. »Pack deine Sachen und komm mit.«

Es ist fast dunkel, als er vor dem Gefängnistor steht. Er weiß nicht, wo er ist und wohin er gehen soll. Ein Hirte zieht mit seiner Schafherde die Straße entlang. »Komm mit mir«, fordert er ihn kurz auf. »Ich nehme an, du bist gerade entlassen worden. Die entlassen immer am Abend oder in der Nacht. Du kannst erst mal bei mir übernachten. Morgen werden wir dann sehen.«

Hassan folgt dem Mann. Im einfachen weißgekalkten Zimmer, in dem nur ein paar Matten auf der Erde liegen, hockt er sich hin und erhält von der Frau des Hauses eine Tasse heißen Tee. Hassan fragt, ob es im Dorf ein Telefon gibt. Die beiden nicken.

Ob er zu Hause anrufen wolle, fragen sie ihn. »Nein, wir haben kein Telefon. Aber ich habe die Nummer von einem Freund aus El Kuds.« Er holt einen zerknitterten Zettel aus der Hosentasche mit der Nummer von Jossi. Es ist die einzige Telefonnummer, die er bei sich hat. Der Hirte bringt ihn zu dem Haus eines Arztes. Dort gibt es ein Telefon.

Bei den Ben Jakovs sitzt man gerade beim Sabbatmahl, als das Telefon läutet.

»Wer kann denn das sein?« fragt Mutter verwundert, denn gewöhnlich rufen sich Juden zu dieser Zeit nicht an.

Vater nimmt den Hörer ab. »Hassan!« ruft er freudig überrascht. »Sag, wo steckst du? Aber natürlich holen wir dich ab, das ist gar keine Frage. Ja, ich weiß, daß ihr kein Telefon habt zu Hause. Weißt du die Telefonnummer von irgend jemandem aus deinem Dorf? Nicht. Dann warte bis morgen früh auf uns. Wo bist du genau? Moment, ich schreibe mit. Wie heißt der Ort? Daherya bei Hebron. Und wir sollen uns bei Hadsch Musa melden? Okay, ich hab' verstanden. Hast du ihnen erzählt, daß wir Israelis sind? Das mußt du tun, sonst gibt es Ärger für dich und für uns. Also dann bis morgen früh. Wir freuen uns alle, daß du wieder frei bist. Und einen besonderen Gruß von Jossi natürlich. Ja, er wird morgen mitkommen. Bis morgen.«

Hassan erzählt Hadsch Musa und den anderen, die zuhörten, daß es sich bei den Freunden um Israelis handelt. »Die sind auf unserer Seite«, sagt er.

»Neulich kam zu uns eine ganze Gruppe Israelis, um uns zu sagen, daß sie auf unserer Seite stehen. Es geschehen noch Zeichen und Wunder in diesem Lande. Nie haben sich Juden um uns gekümmert außer die von der Militärbehörde. Und jetzt, wo wir uns gegen sie erheben, da kommen sie und reichen uns die Hand. Da soll sich noch einer auskennen mit den Juden«, und Hadsch Musa schüttelt sein greises Haupt.

Als am nächsten Tag Jossis Vater mit Jossi und Hassan ins Dorf Kubeibe einfährt, da herrscht großer Jubel unter den Leuten, als sie Hassan erkennen. Sofort rennen einige voraus zum Hause der Nasser Eldins, um die frohe Nachricht zu verkünden. Wie ein Lauffeuer hatte sie sich im ganzen Dorf verbreitet, die Nachricht, daß Hassan wieder frei ist. Alle eilen auf die Straße. Und Nader trägt seinen kleinen Bruder auf den Schultern durchs Dorf. Es ist genauso, wie es ihm Achmed im Gefängnis angekündigt hatte. ›Sie werden dich wie einen Helden feiern‹, denkt Hassan, als er von oben auf die lachenden Gesichter der Freunde blickt.

Mütter sammeln sich um ihn, fragen nach ihren Söhnen. »Hast du Mustafa gesehen? Wie geht es ihm? Ist er gesund?« Und Hassan muß tausend Fragen beantworten.

»Dünn wie ein Hering ist er geworden«, sagt Hassans Mutter. »Ich werde dir eine fette Bohnensuppe mit Hammelfleisch kochen.«

»Nein, bloß nicht!« ruft Hassan. »Bitte keine Bohnen mehr. Nie mehr Bohnen. Ich kann keine Bohnen mehr sehen.«

Im Dorf kursieren unterdessen die wildesten Gerüchte. »Hassan ist frei. Seine jüdischen Freunde haben ihn aus dem Gefängnis befreit.« – »Was du nicht sagst. Und wie?« – »Der Bruder von Jossi, der ist Soldat, der soll auch eine Rolle bei der Befreiung gespielt haben.« – »Meinst du, er hat den Weg freigeschossen? Wie aufregend.« – »Und Bohnen, nichts als Bohnen würden die Gefangenen bekommen. Das muß eine schöne Knallerei sein. Sie geben den Gefangenen so viele Bohnen, bis sie eines Tages platzen. Das ist ihre neue Strategie, ich sag' es euch, so wahr ich Abu Fuad heiße.«

Das ganze Dorf kommt nach Hassans Jubelrunde zum Hause der Nasser Eldins. Ist das eine Freude! Und jeder schaut sich den Hassan von oben bis unten genau an. Schließlich ist er der erste, der aus einem israelischen Gefängnis entlassen wurde – seit der Intifada. Wo man doch nichts Gutes hört aus den Gefängnissen.

Jossi hat seinen neuen Pullover ausgezogen und ihn dem Freund geschenkt. »Du hast ihn dringend nötig«, sagt er mit einem Seitenblick auf Hassans heruntergekommene Kleidung.

»Hast du große Angst gehabt?« fragt Jossi den Freund, als sie nebeneinander im Wohnzimmer sitzen. Und als Hassan nickt: »Größere Angst als damals in der Grabeskirche, als man uns eingeschlossen hatte?«

»Ja«, antwortet Hassan, »dir, meinem Freund, kann ich es ja verraten. Ich habe ganz schreckliche Angst gehabt, und vor lauter Angst habe ich mir sogar in die Hose gemacht.« Er grinst verschämt. »Aber erzähl das bloß nicht weiter.«

»Ehrensache, bleibt streng unter uns«, sagt Jossi. »Aber ich kann das gut verstehen, echt. Ich hätte mir sicher auch in die Hose gemacht.«

Allein der Gedanke, eingesperrt in einem Gefängnis zu sitzen, weit weg von den Eltern, den Geschwistern, ist für ihn unvorstellbar. Und auch Jossi hat viele Fragen an den Freund. Aber vor allem möchte er sich wieder mal allein mit Hassan treffen.

»Jetzt wo du zu Hause bist, und wo du keine Schule hast, da können wir uns doch mal treffen. Vielleicht bei mir zu Hause?«

»Doch«, sagt Hassan, »das können wir. Ich ruf' dich an.«

»Also abgesprochen, du rufst an, und wir holen dich ab«, sagt Jossi, als er mit seinem Vater wieder nach Jerusalem aufbricht.

»Findest du nicht auch, daß sich Hassan sehr verändert hat?« fragt Jossi seinen Vater. »Er ist irgendwie so erwachsen geworden, von einer Woche auf die andere. Glaubst du, weil er im Gefängnis war oder weil er jetzt als Held in seinem Dorf gilt?«

»Ich glaube, es ist beides«, antwortet Vater. »Aber es ist nicht unbedingt eine nachahmenswerte Erfahrung, mein Sohn.«

»Nein, das meine ich auch nicht. Aber ich komme mir so viel mehr wie ein Kind vor als vorher.«

»Du wirst schneller erwachsen, als du es willst. Mit achtzehn, wenn du zum Militär eingezogen wirst, dann ist es sowieso endgültig vorbei mit der Jugend.«

Aber daran will Jossi noch nicht denken. Er kann sich nicht vorstellen, dann gegen die Palästinenser zu kämpfen, vielleicht ist Hassan dabei. ›Und wenn nun Hassan gegen mich kämpft? Aber nein‹, soweit will er nicht denken. Bis dahin sind es noch ganze viereinhalb Jahre.

15

Die Zeit vergeht, aber nicht die Intifada. Die Universitäten bleiben geschlossen und auch die Schulen. »Die Straße ist jetzt die Schule der Revolution«, sagen die jungen Revolutionäre.

In Kubeibe liest man weiterhin aufmerksam die Flugblätter der sogenannten Vereinigten Führung des Aufstandes. Man pflanzt noch mehr Gemüse an und hält sich noch mehr Hühner.

Abu Jussuf hat eine neue Ziege. Man munkelt im Dorf, die Israelis hätten ihm eine geschenkt. »Das ist ein böses Gerücht«, wehrt sich Abu Jussuf. Er hätte die Ziege geerbt.

Umm Nader fährt morgens mit dem Bus nach El Kuds, um ihre Einkäufe zu machen. Seit die Läden nur noch drei Stunden offen haben, herrscht in der Altstadt immer ein fürchterliches Gedränge. Freitags beschimpft der Imam weiterhin die israelische Regierung. Die Kinder empfangen die Soldaten nach dem Gottesdienst mit Steinen, und diese antworten mit Tränengas, mit Hartgummigeschossen, manchmal auch mit echten Geschossen. Die Lehrer der arabischen Schulen gehen jetzt in die Krankenhäuser, um ihre Schüler zu unterrichten.

Für die Israelis wird es immer gefährlicher, durch die besetzten Gebiete nach Hebron, nach Nablus oder nach Jericho zu fahren. Autos mit israelischer Nummer sind Zielscheiben für Steine und für Molotowcocktails. Araber mißtrauen Juden, und Juden mißtrauen Arabern, und beide haben sie Angst voreinander. Doch die Freundschaft zwischen Hassan und Jossi hat die Intifada bisher überstanden.

Eines Tages ruft Hassan an. »Kann ich für ein paar Tage zu euch kommen?«

»Klar«, sagt Jossi, und am nächsten Tag holt er den Freund vom Jaffator ab, und sie fahren mit dem Bus in die Shimonistraße. Auch Jossi hat schulfrei. »Unsere Lehrer streiken, weil sie mehr Geld wollen.«

»Na wunderbar«, sagt Hassan, »das trifft sich ja großartig. Ich wollte schon neidisch auf dich werden, weil du zur Schule darfst.«

Jossi schlägt einen Ausflug zum Israel-Museum vor. »Ist nicht weit von hier.«

Das Museum liegt auf einem der vielen Hügel in West-Jerusalem. Jossi führt Hassan zu einem Bau, der aussieht wie eine fliegende Untertasse, so findet Hassan. Aber Jossi erklärt, daß es sich um die Nachbildung eines Dekkels zu einem Krug handelt. Und dann führt er ihn in einen Raum, so dunkel wie in einer Grabkammer. »Es ist der Schrein des Buches«, flüstert Jossi. »Was du hier siehst, sind die ältesten Schriftrollen, und darauf stehen die Worte aus unserem heiligen Buch, der Tora, und da sind uralte Briefe von Juden, die vor zweitausend Jahren und mehr in den Judäischen Bergen am Toten Meer gelebt haben. Es war ein Araberjunge, ein Hirte, der die Papierrollen gefunden hat«, erzählt Jossi.

»Wo hat er sie gefunden?« will Hassan wissen.

»In den Bergen bei Qumran, am Toten Meer. Er hatte sich in einer Höhle versteckt, und plötzlich sieht er am

Ende der Höhle Krüge mit einem Deckel, so wie das Dach des Museums. Er hat sie dann auf dem Markt verkauft. Ein Archäologe hat herausgefunden, daß die Krüge und die Schriftrollen so um die 2000 Jahre alt sind.«

Und dann zeigt ihm Jossi noch in einem anderen Bau Ausgrabungsgegenstände, die Archäologen überall im Heiligen Land gefunden haben. In Hunderten von Glasvitrinen liegen uralte Dinge, mit denen sich die Menschen damals umgaben, mit denen sie sich schmückten, aus denen sie aßen, aus denen sie tranken. »So haben unsere Vorfahren einmal gelebt«, sagt Jossi.

»Ja, die deinen und die meinen«, antwortet Hassan.

Zum Schluß führt ihn Jossi noch zu einem sehr schönen Raum, der, wie er erklärt, einmal einem Herrn Rothschild gehörte, einem Baron.

Dann stehen sie draußen auf der weiten Terrasse und blicken über die Hügel von West-Jerusalem. »Das ist also euer Jerushalaim.« Überall, wo Hassan hinschaut, sieht er nur Hochhäuser und dazwischen kleine grüne Parkanlagen. Das Licht der Abendsonne läßt auch die Hochhäuser, die wie alle Häuser in West-Jerusalem mit dem Jerusalem-Stein verkleidet sind, ganz golden erscheinen.

»Was ist denn das für ein komischer Bau dort drüben?«

»Sag bloß, den kennst du nicht?« fragt Jossi erstaunt. »Auch nicht aus dem Fernsehen?«

»Ach, ist das die Knesset?« Da drinnen sitzt eure Regierung und heckt Pläne aus, wie sie uns das Leben schwermachen können. Ich dachte, die Knesset wäre viel größer.«

»Wenn du davorstehst, ist sie natürlich viel größer. Sollen wir rübergehen?«

Aber Hassan hat eigentlich keine Lust, der Knesset so nah zu sein. In Jüdisch-Jerusalem fühlt sich Hassan immer fremd, fast so, als wäre er im Ausland.

Zu Hause in Kubeibe erzählt Hassan den überraschten Eltern, er sei mit Jossi im Museum gewesen. Sie hätten die Knesset gesehen und seien dann bei einem gewissen Herrn Rothschild gewesen. Stellt euch vor, damit die Israelis sehen, wie Herr Rothschild so wohnt, hätte er ein ganzes Zimmer nach Jerusalem gebracht, weil er doch nicht erwarten kann, daß die Israelis zu ihm nach Paris reisen.

In Kubeibe hat man sich daran gewöhnt, mit dem Aufstand zu leben. Die Razzien der Soldaten wurden seltener, dafür aber besuchten die Siedler sie öfter. Sie fahren durch die Dörfer, laut singend: »Am Israel hai – Das Volk Israel lebt«, und mit ihren Gewehren schießen sie in die Luft.

»Sie wollen uns in Panik versetzen wie damals 1948, als viele von uns aus Angst vor den Juden aus dem Lande flüchteten«, sagen die Dorfbewohner. »Diesmal werden sie es nicht schaffen. Diesmal bleiben wir.«

Eines Morgens kehrt Abu Jussuf aufgeregt vom Olivenhain zurück. »Allah soll ihnen die Hände brechen – sie haben unsere Olivenbäume ausgerissen!« ruft er laut klagend. Alle laufen hinunter zum Olivenhain, um sich das anzusehen. Da liegen die knorrigen Bäume aus ihrem Wurzelbett gerissen. Ein Feld voll häßlicher Krater.

»Mir ist, als hätten sie einen Teil von mir selbst zerstört, als hätten sie mir ein Stück Seele aus dem Leib gerissen«, Abu Jussuf laufen die Tränen über das zerfurchte Gesicht.

In Jerusalem haben es die Leute in den Zeitungen gelesen. Auch Eli Ben Jakov.

»Wie groß muß ihre Wut auf die Araber sein, um sich an ihren Bäumen zu vergreifen«, sagt Lea Ben Jakov, Jossis Mutter.

Als der Tag des Tubi Shebat kommt, das Neujahrsfest der Bäume, da hatten Jossi und sein Vater den Entschluß längst gefaßt, wo sie in diesem Jahr neue Bäume pflanzen würden, denn das war Brauch bei den Juden.

Gleich nach Sonnenaufgang fahren sie in Richtung Kubeibe. Und als die Sonne hoch am Himmel steht, da haben sie zehn junge Olivenbäumchen in die Erde gesetzt. Ein Hirte bleibt stehen und schaut ihnen verwundert zu. Dann kommen immer mehr Leute und auch die ganze Familie Nasser Eldin. Jossis Vater wischt sich die Hände an der Hose ab, und dann wird er ganz feierlich. »Mögen die Bäume ein kleines Zeichen sein für das wachsende Vertrauen und die wachsende Freundschaft zwischen uns und euch.« Und Eli Ben Jakov reicht Abu Nader die Hand. Alle sind gerührt. Selbst der Himmel, der sich mehr und mehr bewölkt hatte, öffnet just in diesem Moment seine Schleusen und gibt seinen feuchten Segen von oben.

Worterklärungen

Muezzin fünfmal am Tag ruft der Muezzin, der »Gebetsrufer«, die gläubigen Moslems zum Gebet.

Moschee ist die Kirche der Moslems.

Minarett jede Moschee hat ein Minarett, einen hohen Turm, von dem früher der Muezzin gerufen hat. Heute ertönt der Ruf des Muezzins aus Lautsprechern oben auf dem Turm.

Ima heißt auf hebräisch Mutter.

Aba heißt auf hebräisch Vater.

Sabbat ist gleichsam der Sonntag der Juden. In der Bibel steht, daß der Mensch am siebten Tag ruhen soll. Also ist der siebte Tag, der Samstag, für die Juden ein Ruhetag. Es wird an diesem Tag nicht gearbeitet, aber die frommen Juden fahren auch an diesem Tag nicht mit dem Auto, dürfen auch nicht telefonieren und vieles mehr.

Die Frommen so nennt man in Israel die Juden, die ganz streng nach den Geboten leben, die in besonderen Schriften festgehalten sind. Sie unterscheiden sich auch äußerlich von den übrigen Israelis, sie tragen immer schwarze Anzüge und immer einen Hut auf dem Kopf, sie lassen sich die Haare an den Schläfen wachsen und drehen sie zu Locken.

Tora bedeutet Lehre, Unterweisung. Die Juden nennen so auch ihre heiligen Schriften, die Bibel. Das Neue Testament erkennen sie nicht als Heilige Schrift an.

Shalom so begrüßt man sich in Israel; Shalom heißt auch Frieden.

Salam so begrüßt man sich auf arabisch: Salam heißt auch Frieden auf arabisch.

Knafi kleine gefüllt Pastete, wird viel auf dem arabischen Basar verkauft.

Felafel Bouletten aus Kichererbsen und Weizenschrot, in Öl gebakken und in Felafelbuden (wie bei uns die Würstchenbuden) überall im Lande verkauft. Fast alle arabischen und jüdischen Kinder mögen Felafel gerne.

Sheshbesh ist das orientalische Backgammon.

Shouk orientalischer Markt.

Al Aksa die größte Moschee der Moslems in Jerusalem, sie steht auf dem ehemaligen Tempelberg der Juden.

Kefije quadratisches Tuch, meist schwarz-weiß oder rot-weiß kariert, als Kopfbedeckung von Männern getragen, auch bekannt als Palästinensertuch.

Salam aleikum »Der Friede sei mit Euch«, so begrüßen sich die Moslems.

Wasalaikum usalam »Und auch mit Euch sei der Friede«, antwortet der andere.

Kotel heißt »Mauer« auf hebräisch, gemeint ist meist die »Klagemauer« der Juden. Das ist die westliche Mauer, die um den alten Tempelberg führte.

Bar Mizva wenn ein jüdischer Junge dreizehn wird, dann ist er religiös volljährig; das heißt, er darf jetzt mit den Männern einen Gottesdienst feiern. Bar Mizva ist Anlaß zu einem Fest, an dem der Junge viele Geschenke bekommt. Erst seit kurzer Zeit gibt es auch Bat Mizva, für die Mädchen – es hat keine religiöse Bedeutung, aber die Mädchen wollten nicht zu kurz kommen.

Adonai Herr – so sprechen die Juden zu Gott, denn sie dürfen seinen heiligen Namen »Jahwe« nicht aussprechen.

Humus ist ein Brei aus Kichererbsen.

Tejina ist ein Brei aus Sesam.

Eretz Israel das Land, das Abraham von Gott verheißen wurde, später wurde es dem Mose verheißen, als er mit den Israeliten aus Ägypten zog.

Mazel tov heißt: »Viel Glück« auf hebräisch.

Pitta ist ein flaches, rundes Fladenbrot der Araber.

Machpela-Höhle ist die Höhle, die einst Abraham für seine Frau Sara als Grabstätte kaufte. Die Höhle wurde dann auch zum Familiengrab für Abrahams Sohn Isaak und dessen Sohn Jakob und deren Frauen, auch Abraham selbst liegt dort begraben.

Marhaba heißt »Guten Tag« auf arabisch.

Saba so nennt man den Großvater auf hebräisch.

hamdullilah »Allah sei gedankt«, antworten die Araber, wenn sie gefragt werden, wie es ihnen geht.

Umm Ziad »Mutter von Ziad«, die arabische Mutter wird nach dem ältesten Sohn gerufen.

Abu Fuad »Vater von Fuad«, auch der Vater wird nach dem ältesten Sohn gerufen.

Wolfgang Bittner

Die Lachsfischer vom Yukon

224 Seiten, gebunden

Steve, ein junger Mann, ist auf der Flucht vor der Zivilisation und sucht die Weite und Ruhe in der kanadischen Wildnis. Auf Jack Londons Spuren kommt er in die Gegend der alten Goldgräberstadt Dawson City, die am legendären Yukon liegt. Dort trifft er eine Gruppe von Lachsfischern, die ein noch relativ unabhängiges, naturverbundenes Leben führen, mit ihrer anstrengenden und kraftraubenden Arbeit aber nur sehr wenig verdienen. Steve erzählt ihnen, wie teuer der Lachs nur wenige hundert Kilometer entfernt gehandelt wird, und die Fischer entschließen sich spontan zu einem Streik, um bessere Bedingungen auszuhandeln.

Bei Norman, einem der Fischer, hat Steve Quartier in dessen Blockhaus gefunden. Abends sitzen sie vor dem Haus am Lagerfeuer. Die Fischer erzählen von alten Zeiten, aber sprechen auch über ihre Alltagsprobleme. Ärger bereitet ihnen der Kapitän eines Touristenschiffes, das von Dawson City nach Alaska fährt. Immer wieder beschädigt er durch seine rücksichtslose Fahrweise ihre Netze und Reusen. So schmieden sie einen verwegenen Plan. Doch dann wird ein Mann ermordet aufgefunden, und Tobias, einer der Fischer, wird als Täter verdächtigt. Ob es Steve und seinen neuen Freunden gelingt, ihm zu helfen?

Wolfgang Bittner

Narrengold

192 Seiten, gebunden

Ein junger Deutscher kommt in den Norden Kanadas, wo er vorübergehend einen gutbezahlten Job in einer Goldmine findet. Die Arbeit ist hart und eintönig.

Ein Bär, den die Küchenabfälle ins Lager locken, und ein Erdrutsch sorgen für Aufregung unter den Arbeitern. Aber auch die fragwürdigen Unternehmungen des Minenbesitzers, der sich auf Kosten seines Teilhabers und seiner Arbeiter bereichern will. Sein falsches Spiel ist zunächst nicht beweisbar, die Minenarbeiter wirft er, als sie gegen die ungerechte Behandlung protestieren und schließlich die Arbeit niederlegen, kurzerhand raus. Lohnforderungen bleiben offen. Ein Prügelkommando verfolgt Steve, der auf der Auszahlung des ihm zustehenden Geldes besteht.

Es gelingt ihm, zu fliehen und sich bei Indianern zu verstecken, die abseits am See bei warmen Quellen leben. Hier freundet er sich mit dem Indianer Jake Magun und dessen Frau Kathy an, mit Hazel und der alten Mida. Er hört die überlieferen Geschichten von der Entstehung der Menschen, dem Leben der Indianer von der Goldsuche. Allmählich beginnt er sich wohlzufühlen, geht jagen und fischen und lernt die Situation der Indianer mehr und mehr begreifen.

Sie wurden und werden an den Rand der Zivilisationsgesellschaft gedrängt, denn sie haben andere Wertvorstellungen als die Weißen und sind deren Rücksichtslosigkeit nicht gewachsen.

CB

C. Bertelsmann